СЕМЬ ВРАТ ПРАВЕДНОСТИ

Книга Знаний для Народов Мира

Раввин Моше Вайнер и д-р Михаэль Шульман

Русскоязычное издание
под редакцией
р. Шеваха Златопольского

Академия традиции человечества

Серия **Свет народам мира**

**Раввин Моше Вайнер и
д-р Михаэль Шульман**

СЕМЬ ВРАТ ПРАВЕДНОСТИ
Книга Знаний для Народов Мира

Под редакцией р. Шеваха Златопольского
Перевод с английского: Евгений Турсумуратов, Нафтали Юсупов
Корректор: Майя Треножникова
Дизайн: Петр Можаров
Верстка: Евгений Турсумуратов

Благодарим Сергея Казимирова и руководителя проекта **Monoteism.ru** Аарона Аронова за помощь в подготовке издания

ISBN 978-0-9983534-9-4

Seven Gates of Righteous Knowledge
by Rabbi Moshe Weiner and Dr. Michael Schulman
(Published and Copyright © 2017 by Ask Noah International)
Copyright © Shevach Zlatopolsky and Ask Noah International Inc., 2018/5778 – Russian edition
Edited by Shevach Zlatopolsky
Translated by E. Tursumuratov and N. Yusupov

© 2018/5779 Шевах Златопольский и Ask Noah International Inc. Русскоязычная версия. Все права сохранены. Никакая часть этой книги не может быть перепечатана или передана ни в какой форме и никакими средствами без письменного разрешения правообладателей.

Содержание

Предисловие редактора.................... 6

Предисловие автора......................... 9

Образ и подобие Бога в каждом человеке.. 13
Духовный подъем и совершенствование человека (*Тикун ѓа-адам*)............................. 13
Духовный подъем и совершенствование мира (*Тикун ѓа-олам*)............................... 18

Раздел 1 – Врата познания Всевышнего
Глава 1. Признание реальности Бога и Его единства... 21
Глава 2. Единство Всевышнего и аспекты Его влияния на творение................................ 30
Глава 3. Божественное Провидение. Вера и упование на Всевышнего................................ 41
Глава 4. Признание Всевышнего сердцем и поступками... 49

Раздел 2 – Врата пророчества
Глава 1. Пророчество как центральная идея основ веры. Принцип свободы выбора............ 60
Глава 2. Различные уровни пророчества......... 75
Глава 3. Пророчество и Тора Моше............. 81
Глава 4. Вечность Торы Моше................... 87

Раздел 3 – Врата служения
Глава 1. Сущность служения Всевышнему...... 93
Глава 2. Изучение семи заповедей Потомков Ноаха и уроки ТаНаХа...........106
Глава 3. Ценность поступка, намерения, радости в служении Всевышнему................. 122

Раздел 4 – Врата молитвы
Глава 1. Служение молитвой........................127
Глава 2. Использование дара речи и сосредоточенность в молитве...................... 132

Раздел 5 – Врата добродетелей
Глава 1. «Мудрец» и «Праведник»................... 136
Глава 2. Исправление поврежденных черт характера.. 143
Глава 3. Как оградить себя от греха. Пути благочестия.. 149
Глава 4. Скромность....................... 154
Глава 5. Сила влияния окружения. Пути порицания... 160
Глава 6. Любовь и уважение к другим людям..166
Глава 7. Меры предосторожности в использовании дара речи у мудреца и праведника................170
Глава 8. Уважение к людям, попавшим в беду, почитание родителей, почитание жены, воспитание детей....................................... 175
Глава 9. Благотворительность и проявление доброты...181

Раздел 6 – Врата испытания

Глава 1. Почему Всевышний испытывает человека?..................188

Глава 2. Беды и страдания, выпадающие на долю отдельного человека или общества..........195

Глава 3. Отношение к страданиям, причиненным человеку другими людьми. Отношение к страданиям других людей..................... 203

Глава 4. Испытание грустью......................... 208

Раздел 7 – Врата раскаяния и принципы награды и наказания Свыше

Глава 1. Постижение идеи раскаяния перед Творцом..................... 213

Глава 2. Достижение полного раскаяния........ 217

Глава 3. Награда и наказание в руках Творца..................... 223

Глава 4. Мир Грядущий............................ 232

Глава 5. Свобода выбора........................... 240

Глава 6. Лишение свободы выбора как наказание..................... 244

Глава 7. Вознаграждение для души после смерти. Награда в Мире Грядущем..................250

Глава 8. Времена Машиаха и Воскрешение из мертвых..................... 256

сБп

Предисловие редактора издания на русском языке

Вы стоите перед открытыми воротами. О чем речь в этой книге? Где мы находимся? Куда нас приглашают?

В обиходном употреблении слово «праведность» подразумевает систему, где есть «Высшая Сила», которая задает направление, ставит задачи. «Высшая Сила» подразумевает вознесенность, нахождение ее вне материальной плоскости. «Направление» и «задачи» подразумевают выход за границы «я нынешний».

В способности и стремлении выходить за границы своего нынешнего «я» и за пределы материальности выражается уникальный человеческий потенциал.

Настоящая книга рассматривает праведность в ее истинном значении с точки зрения Торы, дарованной Творцом – Высшей и Истинной Силой – а направлением и задачами являются Его заповеди.

Тора дарована еврейскому народу и обращена к нему, но включает в себя заповеди и принципы веры, относящиеся ко всему человечеству.

Учение Творца – та самая изначальная Традиция человечества, которая издревле была известна людям со времен Адама и Ноаха (Ноя). Это универсальная традиция, всеобщая этическая система, стоящая вне всяческих религий и над ними. Традиция, которая подчеркивает значимость всех людей из всех народов в глазах Творца, уникальную роль каждого человека в осуществлении великой задачи: «не для хаоса сотворил [Всевышний] землю – для заселения создал ее» (Йешая 45:18).

Но еще в библейские времена традицию эту почти растеряли, мир скатился в идолопоклонство, в «рукотворные религии». Лишь единицы в каждом поколении оставались ей привержены. Позже еврейский народ получил в дар Тору, Учение Всевышнего. На протяжении всей истории отношения народов мира к еврейскому народу складывались не лучшим образом. Лишь в последние десятилетия ситуация кардинально изменилась, и у многих представителей народов мира появилось желание воспринять эту изначальную традицию, сохраненную в Торе и переданную еврейскими мудрецами – выполнять волю Творца по отношению к каждому человеку из народов мира, переданную в Письменной и Устной Торе через Моше.

Воля Творца по отношению к народам мира выражается в семи заповедях – так называемых «7 Заповедях Потомкам Ноаха»:

- Запрет идолопоклонства
- Запрет богохульства
- Запрет есть мясо, взятое от еще неубитого животного
- Запрет убийства
- Запрет инцеста и прелюбодеяния
- Запрет воровства
- Предписание установить справедливую судебную систему

Эти заповеди являются очень широкими общими категориями, включающими множество деталей и подробностей, многие из которых соотносятся с отдельными заповедями для евреев. Детали и подробности заповедей для Потомков Ноаха изложены в трудах рава Вайнера «Семь заповедей Всевышнего» (на иврите) и «Божественный кодекс» (*The Divine Code*, на английском языке).

Данная книга посвящена общей системе мировоззрения человека из народов мира, желающего жить в соответствии с тем назначением, для которого привел его в этот мир Творец. Книга охватывает центральные вопросы, связанные с духовной работой, и предназначена всем, для кого не чуждо понятие «душа»; всем, кто ищет свое место в этом мире; всем, кто хочет справляться со своими задачами наилучшим образом, и всем, кого заинтересовали вопросы, рассматриваемые здесь.

Шевах Златопольский

Предисловие автора

В Талмуде, Трактате Сота 10б и в сборнике мидрашей Берешит Раба гл.54, мудрецы объясняли стих из книги Берешит 21:33 следующим образом:

«И насадил [Авраѓам] эшель в Беэр-Шеве, и взывал там именем Господа, Бога вселенной».

«И насадил [Авраѓам] *эшель* в Беэр-Шеве».

Что такое *эшель*? Рейш Лакиш говорил: «Это учит нас тому, что он высадил фруктовый сад со множеством замечательных плодовых деревьев, чтобы могли угощаться проходившие мимо путники». Раби Нехемия говорил: «Он построил постоялый двор, для того, чтобы путники могли отдохнуть, подкрепиться и выпить воды».

«И взывал там именем Господа, Бога вселенной».

Рейш Лакиш говорил: «Следует читать не «он взывал» – правильно понимать это, как «он был причиной тому, что взывали». Это учит, что наш праотец Авраѓам был причиной тому, что каждый проходящий своими устами взывал к имени Творца, благословенно Имя Его.

Каким образом? После того как Авраѓам кормил и поил путников, они хотели возблагодарить Авраѓама за трапезу, но тот останавливал их и спрашивал «Разве *мою* еду вы вкушали? Вы вкушали то, что принадлежит Богу вселенной. Поэтому вам следует вознести хвалу и благодарность Тому, Кто сказал и все возникло».

Они спрашивали, «Что нам следует сказать?» Он говорил им так: «Благословен Бог вселенной, от Чьей щедрости мы ели». Таким образом, Авраѓам учил людей признавать Творца и взывать к имени Господа, Бога вселенной.

Так же, как и сад, и постоялый двор, установленные Авраѓамом в Беер-Шеве, эта книга ставит своей целью помочь человеку из народов мира определить пути достижения праведности в глазах Всевышнего и тем самым достичь более близких личностных отношений с Богом, нашим Творцом. Чтобы преуспеть на этом пути, человеку нужны определенные познания в том, какие качества и черты характера следует развивать и совершенствовать в себе. Следуя путями, описанными в этом сочинении, каждый человек способен будет открыть в себе и воспитать тот «образ Бога», по которому он был сотворен. В ответ на искреннее желание и усилие человека двигаться этими путями, Небеса вознаградят его помощью и благословением удостоиться стать истинным служителем Всевышнего.

И поскольку все больше и больше людей из народов мира ищут духовного постижения и Истины и хотят удостоиться личной близости с Творцом, благословенно Имя Его, жизненно необходимо широко и повсеместно распространять эти знания.

Понятно также, что некоторые современные течения, образовавшиеся в результате информационной открытости и доступности, могут сыграть с человеком злую шутку, уведя его на неверный путь. Такой риск велик, если человек не обладает достаточным багажом знаний и ясным пониманием, какое именно поведение представителя народов мира ценится

Всевышним. Подобным ориентиром являются Семь Заповедей Потомков Ноаха (*Шева Мицвот*[1] *Бней Ноах*).

На страницах этой книги мы не будем давать комментариев и разъяснений к путям исполнения Семи Заповедей Потомков Ноаха – этой цель отвечают отдельные книги под названием «*Семь Заповедей Всевышнего*» и «*Божественный кодекс*».[2] Настоящая работа представляет собой описание путей нравственности, которые человеку следует избрать, исходя из здравого смысла, для того, чтобы, в конечном итоге, найти и раскрыть в самом себе «образ и подобие Бога», по которому он был создан, и также увидеть этот «образ» в другом человеке.

Вдохновением к этому труду послужила «Книга Знаний» («*Сефер ѓа-мада*») великого мудреца раби Моше Бен Маймона (1135-1204 г.н.э.), также известного как Маймонид или Рамбам. Эта работа является первой из числа четырнадцати томов его фундаментального труда *Мишне Тора*, который кодифицирует законы Устной Торы. В этой книге Рамбам объясняет пути Торы, ведущие к Истине и Знаниям, основанным на цельной вере. Поэтому основные положения настоящей книги взяты из возвышенных

---

[1] Мицва (мн. ч. мицвот) – слово на иврите, обозначающее вневременное Божественное повеление, переданное нам через Тору. В Торе Всевышний изначально повел выполнять всему человечеству семь общих мицвот (для потомков Ноаха), а в дальнейшем для евреев определил 613 детальных мицвот. Однако в наше время, прежде чем наступит Эра Машиаха, евреи могут исполнить из общего списка менее чем 300 мицвот.

[2] Для краткого ознакомления с Семью Заповедями для Потомков Ноаха, основанного на книге рава Вайнера, подготовлено краткое издание под названием *Go(o)d for You: The Divine Code of 7 Noahide Commandments*, которое можно скачать по адресу https://asknoah.org

изречений Рамбама, а в некоторых случаях дополняют и разъясняют их, чтобы изложить эти объяснения специально для читателей из Народов Мира, желающих обрести качества праведности.

Знайте же, что невозможно уместить в границах книги все без исключения качества и существующие добродетели, а также все известные пути их достижения. Цель данного труда – познакомить читателя в общих чертах с истинными суждениями, касающимися поведения праведного человека.

Введение

Образ и подобие Бога в каждом человеке

«И сказал Бог: Создадим человека в образе Нашем по подобию Нашему! И властвовать будут они над рыбой морской и над птицей небесной, и над скотом, и над всею землей, и над всяким пресмыкающимся по земле. И сотворил Бог человека по образу Своему, по образу Божьему сотворил Он его; мужчиной и женщиной сотворил Он их».[3]

Этот стих Торы рассказывает о сотворении человека и даровании ему власти над сотворенным. Замысел Творца состоял в том, чтобы человек и весь мир путем духовного развития смогли достичь совершенства. Ниже мы, с Божьей помощью, постараемся разъяснить смысл и значение этих двух целей.

Духовный подъем и совершенствование человека (*Тикун ѓа-адам*)

Творец уникален в Своем единстве и не ограничен ни в одном из Своих аспектов. Естественно, что Он не имеет какого бы то ни было тела или формы, материальной или духовной.[4] Поэтому, со всей очевидностью можно утверждать, что приведенный выше стих никак нельзя понимать дословно: ни

---

[3] *Берешит* 1:26-27.
[4] См. 3-й принцип веры Рамбама (из 13 принципов веры), в его комментарии на Мишну (Введение к заключительной главе Трактата *Санѓедрин*).

человек, ни ангел не может быть Богом или каким бы то ни было Его подобием. Понимать эти слова нужно следующим образом. Физическая реальность является отражением мироустройства высших духовных миров. Так же как Всевышний уникален и отличается от всего сотворенного, так, на уровне физической реальности, человек является уникальным творением, отличным от всего остального.[5]

В чем же проявляется неповторимость человека? В дарованной ему способности к разумному постижению и, тем самым, наделении его свободой выбора, как сказано: «…и станете вы как Бог, ведающими добро и зло».[6] Далее мы постараемся разъяснить, каким образом целью человека становится использование разума, дабы обнаружить в себе и других «образ и подобие Бога».

В иврите, Божественном языке, уникальная сила разума, дарованная Всевышним человеку, называется *даат*. С помощью *даат* человек способен к постижению абстрактных идей и ситуаций, никоим образом не связанных с его физическими потребностями и его личной жизнью.

Природа остальных творений создана Богом с изначально заданными качествами и свойствами, не подлежащими изменению. Поэтому они не способны что-либо выбирать и, тем самым, их деяния не могут относиться к категориям добра или зла. Человек же, с другой стороны, способен решать каким образом поступать в той или иной ситуации. И в зависимости от совершенного деяния, он может или

---

[5] Рамбан и Сфорно, *Берешит*, там же.
[6] *Берешит* 3:5.

воспарить к духовным высям или же наоборот, скатиться вниз, и вместе с собой утянуть весь окружающий его мир.

Определение человека как сотворенного «по образу и подобию Бога» относится не только к наделенной ему Творцом силе разума и постижения, но также и к его возвышенной духовной сущности. Как сказано великим мудрецом рабби Акивой в Мишне: «Любим человек, созданный по образу Бога; но еще большая любовь проявлена ему тем, что ему *было сообщено* о том, что создан он по образу Бога, как сказано (*Берешит* 9:6): «...по образу Бога создал Он человека».[7] Человек, осознанно выбирая действовать теми же путями, какими проявляется в нашем мире Творец,[8] сможет постепенно достичь духовного подобия с Творцом, заложенного в нем изначально.

Чтобы задействовать механизм свободы выбора Творец «упаковал» духовную сущность человека в рамки физического тела. Поэтому человек представляет собой синтез, соединение души и тела. Так же как и у животных, у человека есть необходимость в еде, питье, сне и других телесных потребностях. И нет никакой возможности как-то серьезно повлиять на них, поскольку являются заложенными изначально в природу тела.

С другой стороны, подаренная человеку свобода выбора дает ему способность назначить свою Божественную духовную

---

[7] Мишна *Авот* 3:14.

[8] Пророки раскрыли для нас, что этими путями являются пути милосердия, доброты, справедливости, праведности. Помимо этих основ каждый человек должен стремиться поступать так, как бы Всевышний желал, чтобы мы поступали.

сущность в качестве приоритетной силы над своими животными потребностями. И тот, кто поступает так – мудр и праведен. Он приучает себя отодвигать на второй план желания своего тела и выполняет их только потому, что лишь с его помощью он способен реализовать Божественный замысел своей души. Это одно из определений *хасида* – благочестивого (с иврита). Хоть существует множество уровней благочестия, но уже с самых начальных ступеней *хасид* заслуживает награду от Всевышнего за свои богоугодные деяния.[9]

Интересно отметить, что Тора в стихе[10] «И сказал Бог: "Сделаем человека"...» использует только одно из святых Имен Всевышнего: *Э-ло-гим* (это Имя по смыслу и по согласованию с другими словами представлено единственным числом, хоть грамматически имеет форму множественного числа). Хотя это и является святым Именем Творца, Благословенного, но в других местах Писания это слово используется как определение для творения, наделенного властью над другими. Мы, в частности, можем увидеть, что этим словом *элогим* (во множественном числе)[11] названы ангелы, а также руководители государства,[12] судьи[13] и пр. В таком же смысле определение *элогим* употребляется по

---

[9] Рамбам в *Законах о царях* 8:11 дает определение, кто является *хасидом* (праведником) народов мира. Это человек, который старается совершать праведные деяния и соблюдать Семь Заповедей Потомков Ноаха как часть Торы Моше. Следуя этим путем, он удостаивается в качестве награды доли в Грядущем мире.

[10] *Берешит* 1:26.

[11] Рамбам, *Путеводитель заблудших*, ч.1, гл.2.

[12] Там же 6:2.

[13] *Тегилим* 82:1.

отношению ко всему человеческому роду, потому что люди наделены способностью властвовать над творением и улучшать его – как об этом сказано:[14] «И властвовать будут они над рыбой морской и над птицей небесной, и над скотом, и над всею землей, и над всяким пресмыкающимся по земле». По поводу этого сказали мудрецы в Мидраше: «…и будете властвовать над рыбой морской…».[15] Слово «*вейирду*» в иврите имеет значение властвовать, но также имеет другое значение «опускаться». Если человек удостоится, мудро демонстрируя своими деяниям, что в нем есть «образ Бога», тогда он будет властвовать над животными дикими и домашними. Если не удостоится, то упадет ниже животных, и они будут властвовать над человеком.

Власть над другими творениями, дарованная нам Всевышним, относится не только к физическому влиянию на другие творениями (с использованием своих интеллектуальных свойств), но также и к способности человека возвысить другие творения на пути духовного совершенства. Эта способность дана для реализации задачи, стоящей перед каждым человеком – оказать влияние на относящуюся к нему часть мира, чтобы подготовить ее и совместными усилиями всего человечества создать в нашем мире место пребывания Божественного Присутствия (*Шхины*). Важный урок отсюда для каждого из нас состоит в том, что если человек не будет прилагать соответствующих усилий, чтобы проявить заложенный в нем «образ Бога», то он, в результате, может опуститься до уровня животного. И даже хуже того, человек может упасть ниже животного, в результате чего животный

---

[14] *Берешит* 1:26.

[15] РаШИ в комментарии к *Берешит* 1:26, по *Берешит Раба* 8:13.

мир вокруг и его внутренние животные силы станут властвовать над ним.

Духовный подъем и совершенствование мира
(*Тикун га-олам*)

Слова *«и будете властвовать»* из разбираемого нами стиха говорят не только об управляющей функции человека над всем сотворенным, но также и об обязанности человека привести мир к совершенству в глазах Творца, насколько это человеку по силам. Как это возможно сделать?

Изначально Творец создал мир, окутав его тьмой.[16] Кроме отсутствия физического света, царила также и внутренняя духовная темнота – сокрытие присутствия Творца. Начиная с момента сотворения Адама, первого человека, его задачей стало подготовить окружающий мир к принятию Божественного света Творца, который будет светить открыто в Эпоху Машиаха. Усилия человечества в этом направлении на протяжении поколений создают «сосуды» (*келим*), с помощью которых праведные люди смогут удостоиться увидеть раскрытие Творца в рамках нашего физического мира.[17]

Таким образом, наша задача в создании возможности раскрытия Творца в этом мире должна осуществляться двумя путями, которые соответствуют сказанному в Псалмах: «Отдались от зла и твори добро, ищи мира и преследуй его».[18]

---

[16] *Берешит* 1:2.
[17] Это включает всех праведников всех поколений, которые будут возвращены к жизни во времена Воскрешения из Мертвых, как будет объяснено в последних двух главах настоящей книги.
[18] *Тегилим* 34:15.

1) Установление сообществ, основанных на справедливости и праведности. Этой цели можно достичь путем установления правильных отношений между людьми, как сказано у пророка:[19] «Ибо так сказал Господь, сотворивший небеса, Он – Бог, сформировавший землю и создавший ее, Он утвердил ее; не для пустоты сотворил Он ее – для заселения сформировал ее. Я – Господь, и нет иного».

2) Преобразование окружающего мира в более одухотворенное место, путем совершения добрых и хороших дел и побуждения к этому других людей – поскольку каждое хорошее дело и добрый поступок создают инструмент, «сосуд» (*кли*), через который Божественное Присутствие способно проявиться в нашем мире.

Потому-то каждый человек – а в особенности, человек праведный – должен осознавать свою обязанность не только улучшаться и совершенствоваться самому, не только возвышать и очищать собственную душу, предпринимая все для этого возможное; но он обязан, кроме всего прочего, исправлять мир, в частности – окружающее его общество, подобно нашему праотцу Авраѓаму, который призывал ко всем людям признать Всевышнего, благословенно Его Имя, а также исполнять Его волю в своей повседневной жизни. Очевидно, что нет никакой возможности дать каждому читателю личный совет, в каком направлении ему следует направлять свои усилия. Однако мы будем стараться охватить основные взгляды и подходы, которые смогут помочь каждому – вне зависимости от его культурной или национальной принадлежности. Для достижения этой цели мы

---

[19] *Йешаяѓу* 45:18.

определили ряд основных тем и разбили их на 7 разделов – с тем, чтобы снабдить читателя необходимыми знаниями о том, как открыть и развить в себе качества, достойные человека, праведного в глазах Всевышнего, благословенно Имя Его.

И пусть этот труд ускорит наступление времен, когда человек удостоится раскрытия света Истины Творца.

Раздел 1

Врата познания Всевышнего

Глава 1

Признание реальности Бога и Его единства.[20]

Основой всякого истинного суждения, достойного качества характера, также как и целью любого знания в целом является осознание существования Всевышнего. Поэтому первым шагом на пути духовного восхождения человека является познание того, кем же является Бог.

Осознание понятия Бог на личностном уровне

Конечной целью и способом обретения возвышенности человеком является осознание существования Всевышнего и стремление постичь Его замысел в меру своих сил и возможностей. Для этого следует человеку иметь веру в основные принципы, которые праведные еврейские мудрецы прошлых поколений сформулировали относительно сущности постижения Бога. Они основаны на цепочке традиции, передаваемой из поколения в поколение, начиная от нашего учителя Моше и эпохи Пророков. Но кроме этого, обязан человек использовать и собственные интеллектуальные способности, с помощью которых он сможет достичь

---

[20] Основано на главах 1 и 2 *Законов об основах Торы* Рамбама; см. также книгу автора *The Divine Code (Божественный кодекс)*, ч. 1, 1:1-5.

понимания и признания истинности существования Творца – каждый в меру своих возможностей.

Такое познание является не только продуктом работы разума, но также и результатом душевных, эмоциональных переживаний. Поэтому человека, верующего в Творца и признающего Его присутствие, порывы сердца будет направлять на приближение к Всевышнему, на то, чтобы перенимать Его добродетели, с полным осознанием, что именно такого поведения требует от человека Господь.

С другой стороны, вне зависимости от побуждения сердца и разума, есть у каждого **обязанность** верить во Всесильного Творца простой верой, подобной той, какая есть у маленьких детей. Ведь человек не в силах познать во всей полноте пути Всевышнего, поскольку постижение реальности Бога, благословенно Его Имя, выходит за рамки людских способностей; лишь мизерная доля понимания сущности Всевышнего доступна человеку на его земном уровне!

Из этого следует, что существуют два измерения, в которых человек должен выстроить свои взаимоотношения с Всевышним. С одной стороны, человек обязан постичь и признать существование Бога и Его Единство, в силу своих способностей, для того чтобы заполнить свой разум и чувства познанием Творца и совершать поступки в соответствии с «путями Создателя» (как будет разъяснено в дальнейшем). И в то же самое время, он должен верить, что Творец, благословенно Имя Его, находится вне рамок нашего постижения.

В результате взаимодействия трех сил души – признания, осознания и веры – человек всецело приближается и прилепляется к Творцу всеми своими мыслями, эмоциями и поступками, всей своей сущностью. Это также позволяет ему обрести уровень веры и упования, превосходящий уровень интеллекта и знаний. Таков путь праведника, хасида, когда он всем своим внутренним существом старается прилепиться к Творцу, благословенно Имя Его. И это то, что приятно в глазах Всевышнего, и именно этого Он ждет от нас, дабы удостоить Своим благом.

Тора о реальности Творца

Сущность и существование Всевышнего отличается от сущности и существования Его творений – ведь Творец существует независимо ни от чего, тогда как существование творения зависит исключительно от воли Всесильного и желания вызвать это создание к существованию. Наши мудрецы говорили об этом как об имманентной, внутренне присущей необходимости Его существования. Иными словами, Его существованию нет какой-либо внешней причины. Его существование является сущностью всего и обусловлено Им Самим. Что касается творений, об их существовании наши мудрецы говорят как об условном, поскольку существование их зависит от внешней по отношению к ним причины – Его воли: возможно, они будут существовать, а возможно и нет.

Поэтому реальность Творца не сравнима ни с чем из сотворенного Им ни на небесах, ни на земле, включая такие понятия, как время и пространство, и все, что существует в рамках этих измерений. Любое творение ограничено в своем существовании и силе и состоит из множественных частей и элементов, будь то создание материальное или духовное. Поэтому ничто не может сравниться со Святым, благословенно Имя Его, Который ничем ни ограничен – ни в Своем существовании, ни в Своей силе. Его сила безгранична и нескончаема, а Его сущность не состоит из каких бы то ни было частей, а едина уникальным единством, у которого нет ни начала, ни конца, ни причины, ни назначения.

Истинность Творца также отличается от истинности творений! Истинность Творца бесконечно превознесена над истинностью творений – ведь в силу ограниченности самих творений, и их истина, по сравнению с абсолютной Истиной Творца, является ограниченной. Человек может описать свою истину лишь так, как он ее понимает, осознает, чувствует. Все, что находится вне рамок его понимания и ощущения, он не способен осознать или понять, и таким образом, не способен охватить всю Истину как она есть. И чем ниже его способности к пониманию и осознанию, тем меньшую часть истины способно воспринять его сознание. Так, например, то, что ребенком будет восприниматься в качестве абсолютной правды, взрослый человек воспримет в качестве истины лишь частично.

И так же как существование и сущность Всевышнего, благословенно Его Имя, никоим образом невозможно сравнить с существованием и сущностью любого из творений, и Истина Его совершенно отличается от частичной истины всякого из творений. Как сказано у пророка: «А Господь Бог есть истина».[21] И еще сказано в Торе: «Нет подобного Ему»,[22] иными словами – нет другой реальности, подобной реальности Бога. И несмотря на то, что все мудрецы и пророки пытались интеллектуально постичь истину Его

---

[21] *Йермеяѓу 10:10.*
[22] *Дварим 4:35.*

существования, но не может быть она постижима во всей полноте, как сказано: «Можешь ли, исследуя, отыскать (помыслы) Божьи? Можешь ли до конца постичь Всемогущего?».[23]

Если положение дел таково, к чему же стремился Моше Рабейну, испрашивая у Всевышнего: «…Покажи мне славу Твою»?[24] Он хотел постичь Истину Сути Всевышнего до такой степени, чтобы Истина эта была осознана его разумом. Это как если бы человек, увидев лицо другого человека, запечатлел бы его в своем сердце: в дальнейшем он мог бы его отличать от лиц многих других людей. Так и Моше Рабейну стремился постичь самостоятельно, своим собственным сердцем, Сущность Творца как таковую, отдельно от всех остальных сущностей, вплоть до полного осознания Истины Его Существования. Более того, Моше стремился постигнуть это напрямую, лично, без того, чтобы были некие посредники на этом пути. На просьбу Моше Рабейну Всевышний, благословенно Его Имя, ответил, «не может человек увидеть меня и остаться в живых».[25] Понимать этот ответ нужно не буквально, а со стороны духовного зрения; что учит нас тому, что сила разума живого человека, состоящего из тела и души, не может постичь всей Истины Его Существования и Его Сущности. Тем не менее, Моше Рабейну был раскрыт такой уровень постижения Творца, какого не было ни до Моше, ни будет после него, как сказано Богом: «Ты [Моше] увидишь Меня сзади, но ты не увидишь Моего лица».[26,27] В

---

[23] *Йов 11:7.*
[24] *Шмот* 33:18.
[25] Там же 33:20.
[26] Там же 33:23.
[27] Рамбам *Законы основ Торы*, 1:10.

подтверждение сказанного Тора говорит: «И не было более пророка в Израиле, как Моше, которого Господь знал лицом к лицу».[28] И хотя Истина Творца была раскрыта Моше Рабейну на доселе недоступном уровне, но это была не полная глубина постижения, желаемая Моше, которую он выразил в своем святом обращении к Творцу.

Единство и неделимость Бога

Ясно и понятно, что Господь не имеет тела и Он не имеет какой-либо определенной формы, однако Всевышний может показаться человеку в образе, который будет приемлем для его человеческого разума, чтобы этот самый человек, сотворенный Всесильным, смог воспринять Его своим умом и чувствами; это явление называется раскрытием Творца, облаченного в одеянии, соответствующее понятиям созданного Им человека, с тем, чтобы он смог его постигать на своем человеческом уровне. Так, один пророк увидел Его, восседающем на Троне Величия, другой услышал Его голос, вещающий ему. Разумеется, эти описания никоим образом не соответствуют в полной мере всей Божественной Истине, отражающейся в существовании Всевышнего. Творец является к пророку, осуществляя единичное действие, которое будет понятно самому пророку, для того, чтобы передать ему какой-либо посыл, показать ему какое-либо пророчество.

Поскольку нам ясно, что Творец бестелесен, то очевиден тот факт, что Всевышнему не присущи свойства тела – Он не может быть разделен или соединен, не может занимать определенного места, не имеет размеров, понятий подъема и падения для Всесильного не существует, как не существует

---

[28] *Дварим* 34:10.

для Него правой или левой стороны, предыдущей и последующей очереди, положения «сидя» или «стоя». Всевышний, благословенно Его Имя, не подвластен временным рамкам, у Него нет ни конца, ни начала, летоисчисление – не нужно Творцу, Он не подлежит изменениям, и никто и ничто не может стать причиной того, чтобы Он изменился каким бы то ни было образом. Ведь Он, Всесильный, сотворил место и время в процессе мироздания. Время и место ограниченно существованием мира, а вот Сам Всевышний – безграничен, Истина Его Существования не имеет пределов, поэтому Он существует вне места и времени, в чем бы они ни выражались.

Поэтому, когда на страницах Торы мы встречаем описание физических проявлений Творца, как, например, «Тот, Кто восседает на Небесах, будет смеяться»[29] и другие описания подобные этому, хотя, на самом деле Бог действительно осуществляет это действие, но это не описывает Его благословенной Сущности. Правильнее сказать, что эти действия скорее влияют на сотворенные Им духовные реальности со стороны Его безграничной воли и поэтому это не приводит к какому бы то ни было изменению в Нем Самом. Чтобы поведать нам о таком влиянии «Тора говорит языком понятным для человека»[30], т.е. язык антропоморфизмов используется Пророками, чтобы дать возможность человеку хоть как-то на уровне сознания соприкоснуться с пониманием процессов, происходящих в духовных мирах.

Если бы Всевышний, хоть раз повел бы себя, в соответствии с человеческой природой, проявляя, например, веселье или

---

[29] *Теѓилим* 2:4.
[30] Вавилонский Талмуд, Трактат *Брахот* 31б.

печаль, это означало бы Его изменение, однако, такого быть не может. Сказал пророк: «Ибо Я, Господь, не изменился…».[31] Все проявления Всевышнего, все Его действия, видимые и ощущаемые человеком, соотносятся только с Его творениями. Сам же Творец, благословенно Его Имя, безгранично выше этих идей и понятий.

Всесильный знает Истину, таковой какая она есть и не рассматривает ее отдельно от Себя Самого, в отличие от того, как мы, люди, обретаем знание, которое находится вне нас самих, поскольку мы и наши знания не представляем собой единого целого. Каждая личность состоит из множества различных свойств и качеств, что также относится и к нашему интеллекту, который приобретает знания с течением времени. К Творцу, благословенно Имя Его, такие понятия не применимы, поскольку Его знание и Он сам представляют собой единую и неделимую сущность во всех аспектах.

Ибо если бы Он жил в обычном понимании и знание было бы вне Его, то было бы множество богов: Он, Его жизнь и Его знание. Но это не так, ведь Он один во всех аспектах и един всеми видами единства. Следовательно, Всевышний сочетает в себе три понятия: Он – Знающий, Он – Предмет Знания и Он – само Знание.[32] И уста не могут это высказать, ухо не может это выслушать, а сердце человека не может понять этого до конца.[33]

---

[31] *Малахи* 3:6.

[32] Рамбам, *Законы основ Торы»* 2:10.

[33] Следует сказать, что любые антропоморфические свойства в описании реальности Бога относятся лишь к Его раскрытию на высоких духовных уровнях, но не к истинной реальности Бога, которая безгранично удалена и возвышена от любого человеческого понимания и постижения. См. Рабби

У человека же, который познает какой-либо объект, эти три аспекта познания существуют раздельно: есть «познающий» (тот, кто познает, т.е. субъект познания), есть «познаваемое» (то, что известно этому человеку об объекте, т.е. объект познания) и есть само по себе «знание» (которое является внешним по отношению к человеку аспектом, поскольку существует возможность либо обладать этим знанием, либо нет).

В отличие от этого, познание Творцом сути своих творений происходит не на уровне творения, как мы это понимаем и делаем, Он познает их на уровне познания как бы Самого Себя. И так же как Он знает Сам Себя, также Он знает все мельчайшие детали сотворенных физических и духовных творений, поскольку их существование всецело зависит от Него, Его неограниченная воля придает жизненность любой сотворенной единице этого мира от его начала и до самого конца. Как сказано об этом у Пророка: «Предвещаю от начала конец и от древних времен то, что (еще) не сделалось».[34]

Шнеур Залман из Ляд (Алтер Ребе). *Тания, ч.2 Врата Единства и Веры*, гл.8-9.
[34] *Йешаяѓу* 46:10.

Глава 2

Единство Всевышнего и аспекты Его влияния на творение; Ошибочные верования в божества [35]

Десятью речениями был создан мир,[36] как сказано: «В начале сотворил Бог небо и землю… И сказал Бог: да будет свет… И сказал Бог: да будет свод внутри воды, и да отделяет он воду от воды… И назвал Бог…».[37] В книге *Теѓилим* сказано: «Вовек, о Бог, слово Твое установлено на небесах».[38] Рабби Исраэль Баал Шем Тов,[39] благословенна его память, объясняет, что выражение «…да будет свод внутри воды…» означает, что слова Всесильного, сказанные Им, будут закреплены навечно в духовных мирах. Об этом говорит пророк: «…слово Бога нашего существует вечно»[40] и еще «Слова Его живы и сущи навеки».[41] Если бы изречение «…да будет свод внутри воды…» исчезло бы, то исчезли бы и духовные миры (которые возникли силой Слова Творца!), а с ними и все творение превратилось бы в ничто, и все вернулось бы в состояние, предшествующее сотворению мира.

---

[35] Первая часть данной главы большей частью основана на разделе «*Врата единства и веры*» книги Рабби Шнеура Залмана из Ляд (Алтер Ребе) *Тания*. Вторая часть – на основе «*Законов о запрете идолопоклонства*» из *Мишне Тора* Рамбама, часть 1.

[36] Мишна *Авот* 5:1.

[37] *Берешит* 1.

[38] *Теѓилим* 119:89.

[39] 1698-1760 г.н.э. Основатель движения хасидизма.

[40] *Йешаяѓу* 40:8.

[41] Сидур. Утренняя молитва.

Подобное же относится и ко всем другим творениям – как духовным, так и материальным, и даже к неодушевленным предметам. Если Бог прекратит давать им Свою созидательную силу, которая каждое мгновение поддерживает существование физических и духовных творений посредством одного из Его Десяти речений, эти создания вернутся в изначальное небытие.

Во всех аспектах действия Творца по отношению к сотворенному не сравнимы с действиями человека. Ведь человек лишь способен менять форму предмета, от одной к другой, как, например, ремесленник, который куску серебра или золота способен придать форму изделия. И когда он завершает свою работу, изделие приобретает свою собственную реальность, не связанную с мастером, изготовившим его – так же как и те куски материала, из которых он был изготовлен, не были никак связаны с мастером, ибо не он их сотворил. Всевышний же творит не только форму, но и сущность всякого создания. Существование всех творений всецело зависит от Его желания сотворить их *ex nihilo* (латинский термин, обозначающий переход в нечто *«из полного ничто»*), и это происходит каждое мгновение. Поэтому нет иной причины для существования творений, кроме желания Творца, реализованного через Его повеления в форме речений, которые и придают им жизненность и полноценное существование. Иными словами, каждое отдельное творение существует благодаря определенной силе, изначальным источником которой является Творец; силе, проистекающей из гораздо более мощных сил Его Десяти речений, записанных в первой главе книги *Берешит*. В этом заключается объяснение того, каким образом возникают духовные миры, вселенная, наша земля и все, что на ней – из полного небытия.

Когда человек глубоко вдумается в изложенное выше, то придет к пониманию, что сами творения в совокупности со всем мирозданием не идут ни в какое сравнение с Божественной Силой, благодаря которой эти творения и весь мир существуют… Ведь именно Божественная Сила вдыхает жизнь в мироздание каждое мгновение, творит *нечто из ничто* и является единственно существующей реальностью. Однако все созданное на нашем уровне понимания представляется материальным и существующим – ведь мы не можем видеть нашими земными глазами Силу Господа, мы не можем ощутить физически действие Его Слова. Если бы человеческому глазу дозволено было увидеть и постичь жизненную силу, сокрытую в каждом творении, в каждом предмете, созданном Всесильным, мы не увидели бы ничего материального вообще, поскольку материальное совершенно аннулируется перед величием существования Творца. И если бы не было этого влияния со стороны Бога, то все миры и все наполняющие их творения вернулись бы в состояние полного небытия, как это было до шести дней творения.

Таким образом, Творец, благословенно Его Имя, одновременно осуществляет два действия. Каждое мгновение Он создает из *ничто* материальные субстанции со всеми их свойствами. И в то же время Всевышний скрывает Свои силы, посредством которых были созданы все творения, с тем чтобы эти силы не были раскрыты в физическом мире. Ведь ни одно создание не может постичь и увидеть Божественные силы, которые дают ему жизненность, как сказал Всевышний, благословенно Его Имя, обратившись к Моше: «…ты Лика

Моего видеть не можешь, ибо не может человек видеть Меня и остаться в живых».[42] И подобно тому, как невозможно ни одному творению постичь, как оно было сотворено из *ничто*, точно так же ни одному творению не постичь, каким образом Всевышний скрывает от творений силы, благодаря которым они существуют.

Различные аспекты проявления Творца в нашем мире обозначаются в Писании соответствующими Святыми Именами. Эти имена не описывают Самого Всевышнего, ибо Он бесконечно выше любого возможного определения, как было объяснено выше. Они лишь объясняют, каким образом Он осуществляет свое влияние на сотворенные миры.

Первая вышеупомянутая Божественная Сила, дающая жизнь всему сущему, соответствует непроизносимому четырехбуквенному Имени Творца (Тетраграмматон). Ввиду особой святости этого Имени его запрещено произносить вслух. Вместо этого его следует записывать или произносить как «*Гавайе*» (это слово получается путем перестановки букв Тетраграмматона) (см. «*Божественный кодекс*», Часть III, Глава 2, пункт 7). У этого Имени есть два значения: 1) Бог беспрестанно воссоздает все творение; 2) Бог находится вне времени, так что все аспекты нашего времени – прошлое, настоящее и будущее – едины для Него.

Вторая вышеупомянутая Сила Всевышнего, скрывающая Его бесконечный Свет и Его созидательную силу от наших глаз, позволяющая нам лицезреть лишь результаты Его действий без видения духовных источников, стоящих за каждым материальным объектом этого мира, обозначается Именем

---

[42] *Шмот* 33:20.

«Элоким» (чтобы не писать и не произносить Святое Имя понапрасну, букву *г҃* в нем принято заменять буквой *к*, когда это имя упоминается не в связи с молитвой или чтением/написанием священных текстов). Это Имя является источником природы, видимой и осязаемой нами, за которой скрыты от человеческого взора Сила и явное Присутствие Всевышнего.

Как сказано в *Теѓилим*: «Ибо солнце и щит – *Ѓавайе Элоким*».[43] Иными словами, подобно тому, как у Земли есть оболочка, которая защищает нас, ее обитателей, от невыносимой для нас мощи солнечного тепла и радиации – ведь, не будь этой оболочки, мы бы попросту сгорели – так же и Всевышний создал для Себя щит, скрывающий от нас бесконечную мощь Своего Света. Щит этот именуется *Элоким*.

И, несмотря на то, что мы не видим процесс созидания, который скрыт от нашего взора самой природой, прячется за материальностью нашего мира, человек разумный, задумавшись над этим вопросом, поймет, что все процессы, происходящие в мире, осуществляются волей Творца, благословенно Его Имя, и нет какой-либо иной настоящей, действующей силы. Как сказано: «Смотрите же ныне, что Я это Я, и нет Бога, кроме Меня»;[44] Я – Создатель, Я (Бог) скрывающий, и нет другого Бога, кроме меня. И так Он говорит: «Познай же ныне и положи на сердце твое, что Господь есть Бог на небе вверху и на земле внизу; нет другого».[45] «Не ошибитесь!» – обращается Всесильный к

---

[43] *Теѓилим* 84:12.
[44] *Дварим* 32:39.
[45] Там же 4:39.

Своим творениям – «Не вообразите себе, что может существовать какая-либо иная сила или иное божество, кроме Силы Всевышнего, которое может привести к сокрытию Творца». Такого быть не может – только лишь Всесильный является Единственным Творцом и Господом, скрывающим Самого Себя от взора человека в облачении сотворенной Им природы.

Это подводит нас ближе к пониманию слов Торы: «Нет никого кроме Него».[46] Его знание деталей всего сотворенного и Его Божественные речения, которыми Он творит мироздание, едины по своей сути и являются лишь аспектами непостижимого для нас Единства Творца. И это же относится и к объясненным выше Именам Всевышнего – *Гавайе и Элоким*, которые по сути своей объединены, и Всевышний воздействует на свое творение обеими этими силами в одно и то же время. И хотя сознание человека не в состоянии воспринять это во всей полноте,[47] но мы способны и обязаны осознавать важнейшую идею единства Бога, совершенного единства Его и различных аспектов Его влияния на эти миры, Божественных сил. Природа такого совершенного Единства не похожа ни на что в мире сотворенном и поэтому не подвластна нашему осознанию, поскольку мы способны понимать лишь то, что имеет некие границы и составные части, а совершенное Единство Творца находится вне рамок нашего понимания.

Поэтому всякий разумный и мыслящий человек должен слиться всем своим сердцем и всей своей душой с Господом Всесильным (*Адо-най Элоким*), сотворившим небо и землю,

---

[46] *Дварим* 4:35.
[47] Рамбам, *Законы основ Торы* 2:10 и *Законы раскаяния* 5:5.

для того, чтобы служить Ему всем сердцем и посвятить Ему все, что у него есть. Ведь все, что происходит, происходит только от Него, и все, что дается человеку – сила, жизнь и достаток – дается только лишь от Него.

Повеление, данное еврейскому народу, «Слушай, Израиль, Господь, Бог наш, Господь один»,[48] в будущем должно звучать и отдаваться эхом во всем мире. Всевышний, Который со времен Праотцов является «нашим» Богом, Богом Израиля, должен будет признан Единым Богом всем миром, как сказано: «Ибо тогда изменю Я язык народов (и сделаю его) чистым, чтобы все призывали имя Господа, чтобы служили Ему единодушно»,[49] а также сказано: «И будет Господь Царем на всей земле, в день тот будет Господь один (для всех), и имя Его будет – Один».[50] [51]

Эта Истина должна быть понята и осознана человеком; он должен остерегаться, чтобы не попасть под влияние других, ошибочных мнений, чтобы, упаси Всевышний, не сделать ошибку, подобно Эношу и его современникам, которые полагали, что творение стало сущностью, отделенной от Творца. Эта ошибка привела их к заблуждению, что, якобы, могут быть некие силы, действующие помимо Сил Творца, благословенного.[52]

В чем же состоял промах Эноша и его поколения? В третьем поколении после сотворения человека, в дни

---

[48] *Дварим* 6:4.

[49] *Цфания* 3:9.

[50] *Зхария* 14:9.

[51] См. РаШИ. Комментарий к *Дварим* 6:4, на основе *Сифри*, там же.

[52] См. РаШИ. Комментарий к *Берешит* 4:26.

Эноша, люди совершили большую ошибку – мудрецы того поколения пришли к ошибочному суждению. Они решили, что раз Всевышний создал звезды и небесные сферы для управления миром и поместил их на небесах, и наделил их почетом, и это верные слуги Его, приближенные к Нему – они достойны восхваления и возвеличивания, и воздаяния им почестей. И это, якобы, соответствует желанию Творца, благословен Он, подобно тому, как земной царь желает, чтобы воздавали почет его придворным, выражая тем самым почет самому царю.

Как только в их сердцах зародилась эта идея, начали они строить звездам храмы и приносить им жертвы, восхвалять и возвеличивать их словами, простираться ниц в их сторону – все это с целью исполнить желание Создателя в их неверном понимании. С этого началось идолопоклонство и таким образом они толковали и обосновывали правильность такого служения. В том первом поколении, они не утверждали, что какая-то конкретная звезда является богом; об этом говорит Йермияѓу: «Кто не убоится Тебя, Владыка народов, как подобает Тебе? Ведь среди всех мудрецов мира и во всех царствах известно, что нет подобного Тебе. Но в одном они сделали ошибку и глупость – это деревянная чурка, наследие суеты».[53] То есть, все знают, что только Ты – Бог; но ошибка людей и проявление их глупости в том, что они посчитали эти ненужные действия выполнением Твоей воли.

Эта ошибочная идея о независимой, посреднической силе, говорящая о «сочетании веры во Всевышнего со служением звездам», явилась источником различных форм и проявлений

---

[53] *Йермеяѓу* 10:7-8.

идолопоклонства. Конечным же результатом идолопоклонства является сбрасывание с себя бремени Царства Небес.

В следующем (втором) поколении появились нечестивые люди, лжепророки, которые стали говорить, что Господь приказал им передать людям: служите некоей звезде или созвездию, приносите ей жертвы и возлияния так-то и так-то, постройте ей храм, сделайте ее изображение, чтобы поклоняться ему – весь народ, и женщины, и дети, и все остальные люди. И показывали людям некую форму, выдуманную ими самими, и говорили: вот изображение данной звезды, которое мне сообщили в пророчестве.
Иными словами, первое поколение после ошибки Эноша высказывало мысль о том, что *почитание* звезд – воля Всевышнего; второе поколение уже утверждало, что Бог повелел *поклоняться* звездам, принося им жертвы. Все эти утверждения – не что иное, как ложь. А ведь в поколении Эноша все начиналось лишь с дурных мыслей…

Затем, в третьем поколении, пришли другие лжецы и стали говорить, что *сама* звезда, или планета, или ангел говорили с ними и сказали: служите нам таким-то образом; и поведали им способ служения, как нужно делать, и как не нужно. И распространилось это по всему миру – служение изображениям самыми различными способами, принесение им жертв и поклонение им. В четвертом же поколении – возвышенное и грозное Имя Всевышнего было окончательно стерто из памяти. А служение звездам, планетам и прочим идолам приобрело характер полного обожествления их, через придание им свойств и качеств Всесильного, утверждая при этом, что кроме этих идолов нет Бога.

Из этого становится ясно, что первейшей ошибкой, которая привела к возникновению идолопоклонства, стала мысль о том, что Всевышний желает почтить какого-то Своего «компаньона» и поделиться с ним Своими силами, в частности – в вопросе управления миром, чего, по сути своей, быть не может. Ведь нет и не может быть такой звезды или созвездия, которая была бы наделена силами без ведома и без согласия Всевышнего. Более того, ничто в мире, в том числе звезды и созвездия, не действует по собственной воле, а лишь – по воле Творца, благословенно Его Имя, подобно топору, который рубит лишь по воле держащего его в руках человека, а, оказавшись вне его рук, становится лишь бездейственным предметом. Поэтому не следует оказывать таким «посредникам» какой-либо почет, поскольку они никак не влияют на управление миром. Всякое действие, малое или большое, осуществляется в мире исключительно по воле Творца, благодаря только лишь Его Силе и через те инструменты влияния, которые Он сотворил.

Вышеописанное ошибочное суждение не следует относить к недостатку знаний, но к ошибке разума (словами Рамбама – «вредным мыслям»), возникающей вследствие того, что человек подкупает самого себя, пытаясь найти обоснование для своих действий по сотворению себе кумира, вместо того, чтобы короновать и привести к царствованию над собой Господина Вселенной, Истинного Всемогущего Повелителя!

Поэтому человек с цельным сознанием (праведник) ни в коем случае не должен верить ни в какую «совместную» работу каких бы то ни было сил вместе со Всевышним, благословенно Его Имя, и не должен верить в существование какой либо иной реальности отличной от Творца – ибо такой нет и быть не может.

Более того, если у человека возникают мысли, что могут быть некие иные силы наряду с Богом, даже если при этом он будет верить в то, что Бог сотворил мир и является Источником всех сил, а всякие прочие силы вторичны по отношению к Нему и лишь помогают Ему управлять сотворенным миром – то нужно четко знать, что эти мысли ложны и отрицают, по сути своей, Единство и Единственность Творца, благословенно Имя Его. Знай же, что лишь Всевышний есть единственная существующая реальность, и нет более никаких божеств!

Негативные последствия идолопоклонства (худшее из которых – атеизм) приводят, в конечном итоге, к еще большему отдалению человека от своего Творца. Из этой ошибки или бунта произрастает неверное понимание того, что человеку не нужно обретать страх и трепет перед Небесами. Даже несмотря на то, что не по своей воле вырос кто-то в среде идолопоклонников, этот грех привлекает его тем, что можно устремляться за желаниями своих сердец и при этом не испытывать чувства вины или сожаления за совершенные греховные поступки, не связывая себя обязательствами перед Небесным Царством. При этом такие люди с желанием признают над собой иную власть или силу, веруя в то, что их выдуманные божества повелели или разрешили вести тот образ жизни, каким они хотят жить, вместо того, чтобы руководствоваться повелениями Бога Живого, которые Он передал нам в святой Торе.

Глава 3

Божественное Провидение. Вера и упование на Всевышнего

В предыдущей главе мы попытались разъяснить истоки возникновения идолопоклонства и ошибочные идеи о возможности «сочетания» веры во Всевышнего с верой в иные силы, помимо Творца. Подобное заблуждение начинается с самого человека, поскольку движущей силой злого начала, таящегося в сердце человека, а также его дурных мыслей, что якобы возможно совмещение веры в Творца с верой во что-либо иное, является желание человека (а точнее – желание его *эго*) ни в коем случае не принимать на себя исключительной Царской Власти Всевышнего, не самоустраняться перед Его волей в полной мере, а существовать как бы отдельно от Него, принимая решения самостоятельно, вне зависимости от Его воли, или, по крайней мере, взять Его в «компаньоны» в принятии личных решений.[54]

Идея же Единства Творца, на самом деле, прямо противоположна приведенному суждению. Она отражена в словах праотца Авраѓама, взывавшего ко всему человечеству «…и призвал там Имя Господа, Бога вечного».[55] Всевышний – Бог вечный. Именно «Бог **вечный**» (*на иврите «Э-ль олам»* (א-ל עולם), а не «Бог мира» (*на иврите «Э-ль ѓа-олам»* (א-ל העולם). (*На иврите слово «олам»* (עולם) *имеет несколько значений, в том числе – «мир» и «вечный». В сочетании «Э-ль олам»* (א-ל עולם) *слово «олам»* (עולם) *имеет значение «вечный», а в сочетании «Э-ль ѓа-олам»* (א-ל העולם) *– имеет значение*

---

[54] Рабби Шнеур Залман из Ляд (Алтер Ребе), *Тания*, гл. 24.
[55] *Берешит* 21:33.

«мир»). Иными словами, мир не может быть отделен от Создателя, не может быть разделен с Ним. Соответственно, цель человека на протяжении всей жизни – всеми возможными способами, всем своим сердцем, постоянно приближаться к Истине Единства Творца. В этом и заключается служба Всевышнему, возложенная на человека.

Признание и познание целостности Сущности Всевышнего, благословенно Его Имя, во всем мире и в каждой его частице, в том числе, в каждой мельчайшей детали жизни человека, приводит к пониманию сути «Божественного Провидения». Ведь каждое творение создано Всесильным; по Его Воле каждое мгновение вновь и вновь обновляется жизнь всех творений. В предыдущих главах рассказывалось о том, что Всевышний Един со Своим Созданием, а если так, то Он и Его создания – едины и неделимы. Иными словами, мысли и чувства творения, созданного Творцом, желания, возникающие в процессе его существования, невозможно отделить от самого Создателя, они являются неотъемлемой Его частью – но это непостижимо нашим разумом. Всевышний, благословенно Его Имя, знает и чувствует каждое мгновение все, что происходит с каждой мельчайшей составляющей частицей Его творения.

По сути, взор Всевышнего четко нацелен на каждое Его создание, на каждую мельчайшую частицу творения, на всякое действие и мысль сотворенного. Господь знает и принимает участие во всех происходящих событиях этого мира, и все происходит согласно Его Божественному Замыслу. Речь идет не только о действиях людей, но и определяет динамику событий в неодушевленной природе. Так, например, падение листа с дерева от дуновения ветра в определенное место также не случайно, а происходит по Его воле и для реализации подчас неведомого для нас Божественного Замысла. Такая особая связь между Творцом и Его творением называется «Божественным Провидением», о чем много учит рабби Исраэль Бааль Шем Тов.[56]

Усматривая Божественное Провидение в каждом своем действии и поступке, во всем происходящем вокруг, человек ищет и находит Всевышнего везде, куда бы он ни шел, что бы ни делал. Признавая это и обращая на это внимание, человек в большинстве случаев будет понимать, каким образом ему необходимо вести себя, как поступить в той или иной ситуации. Ведь приглядевшись и ощутив присутствие Творца, человек поймет, что исключительно по Его воле он оказался сейчас именно здесь, и что Создатель привел его именно сюда и именно в данное время из наилучших Своих побуждений. И когда праведник поймет и увидит, с какой целью Бог сотворил с ним то или иное, Всевышний по своей великой милости пробудит в нем способность познать и почувствовать, какие помыслы были у Творца, и каким образом в данной ситуации человеку следует поступить. Возможно, в данной ситуации нужно помочь другому в беде или поддержать его в трудную минуту; а может именно здесь и сейчас нужно прославить Творца или удостоиться пройти испытание, посланное с целью укрепить веру человека и его служение.[57] Когда человек так настраивает свое сознание, Всевышний по великой милости раскрывает перед ним Свой замысел, для чего он оказался в той или иной ситуации или чего именно хочет от него Творец, дабы человек исполнил перед Ним свой долг наилучшим образом.

---

[56] *Ликутей Дибурим*, ч.1.
[57] См. *Га-йом-йом*, где приводятся примеры Божественного Провидения в окружающей жизни.

Иногда понимание замысла Создателя остается сокрытым для человека. И тогда он может обратить свое сердце в искренней молитве к Всевышнему, попросить Его совет, как поступить, чтобы Он раскрыл для него свои помыслы, и тогда, возможно, с Небес будет получен ответ.

Иногда могут пройти дни, месяцы и даже годы, пока человеку не раскроется замысел Творца в произошедшем. Но бывают случаи, когда замысел Творца остается известен только Ему, и навсегда сокрыт для самого человека. Об этом сказал праведный Царь Давид в книге *Теѓилим*: «[Возблагодарим] Того, Кто творит чудеса великие один».[58] Ведь события, на которые нанизана цепь человеческой истории со всеми ее немыслимыми деталями и поворотами, могут представляться совершенно чудесными и невообразимыми.

Изучение и постижение Божественного Провидения, постоянно окружающего человека, разовьют в нем самое важное для человека качество: веру и упование на Всевышнего, благословенно Его Имя. Как только человек начнет верить и осознавать, что не он сам управляет своей жизнью, а Творец, Который его создал, вдохнул в него душу, поставил на ноги – в прямом и переносном смысле – и ведет на протяжении всей жизни, незримо сопровождая всегда и везде; он тотчас же уяснит для себя главное: Всевышний, вне всякого сомнения, знает и понимает, для какой именно цели Он создал данного конкретного человека, и каково его предназначение в этом мире. И даже если цель собственного существования не будет до конца понята и осознана самим человеком, он, безусловно, будет полагаться на Создателя,

---

[58] *Теѓилим* 136:4.

зная точно, что Бог желает ему только добра, и все деяния Его лишь во благо!

Приведем пример из жизни. Представьте себе, что человек куда-то летит. Если он точно знает, что самолетом управляет опытный пилот, он будет спокоен и полностью уверен в том, что самолет обязательно благополучно достигнет своей цели. Совершенно иными будут чувства того же пассажира, если вдруг ему станет известно, что самолетом уже никто не управляет, но по инерции он все еще летит сам по себе. Разумеется, человек придет в смятение, понимая, что через несколько мгновений самолет потерпит крушение. Подобным же образом человек, уповающий на Всевышнего, будет спокоен, сознавая, что Творец, благословенно Его Имя, управляет не только всем миром, но и жизнью самого этого человека! Тот же, кто не верит в силу Создателя, будет спокоен лишь тогда, когда самолет его жизни будет лететь ровно, не попадая в зоны турбулентности. Но как только в его жизненном рейсе станут появляться проблемы, он тотчас же впадет в отчаяние, ожидая приближающуюся катастрофу.

Неверующий человек, уверенный в том, что исключительно он, и только он, управляет собственной жизнью и независимо ни от чего устанавливающий для себя правила поведения, будет спокоен и непринужден, пока все будет идти согласно *его* плану. Он будет искренне верить, что достиг всего лишь собственными силами, полагаясь на свои возможности, образованность и мудрость; не понимая, что это совершенно далеко от истинного положения дел.

Праведный же человек понимает и осознает, что в какой бы ситуации он ни находился – в удачной или неблагоприятной – и то, и другое устроено Творцом, благословенно Его Имя. Он будет полностью уверен в том, что один лишь Всевышний позаботится о нем и вызволит из беды, выведет на правильный путь, ведущий к добру. Поэтому праведный человек будет спокоен и силен – ведь упование на Всевышнего придает ему истинные силы, позволяющие превозмочь любые беды и невзгоды. Поэтому учат нас мудрецы: «Обязан человек благословлять [Бога] за зло так же, как он благословляет [Бога] за добро…».[59] Ведь все исходит от Него, а все, что исходит от Него – к добру. Правда, не всегда это добро может быть постигнуто ограниченным человеческим разумом. Как сказал Царь Давид в *Теѓилим*: «Много бед у злодея, а надеющегося на Бога – милость окружает».[60] Верующий человек, испытывая боль и страдания, не станет обижаться или обвинять за это Творца – он скорее скажет в сердце своем, что эти беды и страдания получил заслуженно за многочисленные проступки, и через них Всевышний хочет очистить его, чтобы в будущем одарить куда большим благом и благословением. В качестве примера можно вспомнить, как мы обращаемся в случае болезни к врачу, который порой вынужден причинить определенную боль и страдание для нашего же блага, чтобы избавить от болезни. Об этом говорит сам Бог: «Я, Господь, твой целитель».[61] Более детально эта идея будет обсуждаться в шестом разделе данной книги.

Размышления о Божественном Провидении укрепляют упование на Всевышнего, позволяя взять под контроль одно из наиболее трудноуправляемых качеств – гнев.

---

[59] Мишна. *Брахот* 9:5.
[60] *Теѓилим* 32:10.
[61] *Шмот* 15:26.

Гнев – одно из худших качеств, поскольку приводит к потере самоконтроля и способности разумно мыслить. В гневе контроль переходит к иным силам – дурному началу в человеке; теряется возможность оградиться от поступков, которые он бы никогда не совершил в нормальном состоянии. Дурное побуждение рисует в воображении сладостную иллюзию победы, когда выскажешь другому все, что о нем думаешь. Но в итоге тот, кто поддался гневу, сам же от него и страдает.

Так говорят наши мудрецы: «Всякий гневающийся как будто служит идолам»,[62] поскольку в эти минуты он отказывается от веры и упования на Творца, а полагается лишь на свое представление о ситуации. Здесь мы видим, каким путем дурное начало может превратиться в чуждого бога, который приказывает служить ему неконтролируемыми действиями. Праведный же человек должен всегда устранять свою волю и деяния пред волей Всевышнего, должен стремиться к тому, чтобы помыслы его и поступки полностью были ориентированы лишь на волю Творца, благословенно Его Имя; стать рабом Бога, передав полный контроль над собой Ему.

Каждый должен знать и помнить, что есть две основные причины для гнева. Первая причина – это недостаток понимания, что все в мире происходит согласно Божественному Провидению и Божественной воле. Гневающийся же не верит, что и в этом событии, с которым он внутренне не согласен, есть Высшая цель и намерение.[63]

---

[62] Вавилонский Талмуд, Трактат *Шаббат* 105б.
[63] Рабби Шнеур Залман из Ляд (Алтер Ребе), *Тания. Игерет Кодеш*, гл. 25, с. 276.

Вторая причина гнева – человеческая гордыня и высокомерие. Принимая самого себя за реальность, отдельную от Всевышнего, человек попадает во власть собственного тщеславия, гневаясь на всякую попытку покуситься на его авторитет, мнение или величие в собственных глазах.

Таким образом, гнев и гордыня идут рука об руку и порождаются высокомерием самого человека, уводя его от Бога в сторону идолопоклонства – верования в самого себя. Скромность, покорность пред Всевышним и терпение – вот качества, присущие человеку верующему и полностью полагающемуся на силу Творца, знающему, что все происходит от Него. Это знание помогает терпеливо принимать все, что исходит от Создателя.

Прежде чем завершить эту тему, нужно упомянуть два важных момента. Во-первых, описанный выше путь веры и упования на Творца является идеалом, который зачастую весьма и весьма труден в исполнении. Причиной того, что нам так часто не хватает веры в Творца или весьма трудно бывает преодолевать гнев, является наша необъективность по отношению к самим себе из-за врожденного эгоцентризма. Поэтому каждый нуждается в доверенном личном советчике, достаточно мудром и богобоязненном, дабы он смог более объективно разобраться и помочь с проблемой, беспокоящей человека (на иврите такого советника называют *машпиа*). Во вторых, нужно знать, что человеку даны силы изменять любые свои качества к добру; и гнев, в частности, также должен быть направлен против собственного дурного побуждения.

Глава 4

Признание Всевышнего сердцем и поступками

Задача человека – приближаться к Истине, приближаться к Всевышнему, благословенно Его Имя, Создателю всего, всеми своими помыслами и поступками. В этом заключается добродетель праведных и благочестивых людей, взоры которых обращены к Нему. Находясь в своем доме или занимаясь своей работой, человек всегда должен сознавать, что Царь всех царей, Господь, Бог Всесильный, благословенно Его Имя, пребывает над ним, наблюдает за его делами и исследует его желания и помыслы, как сказано: «Если спрячется человек в тайнике, то разве Я его не увижу? – сказал Господь – ведь и небо и землю Я наполняю».[64] Занимаясь любыми делами, человек должен всегда думать о том, что всевидящее око Творца не дремлет, а запоминает и судит все его деяния. И если человек сможет настроить свое сознание на эти мысли и такое понимание, то сможет прийти к благоговейному трепету перед Небесами. Разве будет человек, находясь в присутствии обычного царя позволять себе поведение или речи, привычные в кругу семьи или друзей? А тем более изменится поведение, когда сможет человек поселить в своем сердце мысль, что он постоянно пребывает под взором Царя всех царей, Владыки миров, Слава Которого наполняет весь мир. Такое осознание немедленно приведет в состояние трепета перед Творцом и в действиях и мыслях он сможет избрать пути скромности и смирения.[65]

---

[64] *Йермеяѓу* 23:24.
[65] Рамбам, *Путеводитель заблудших* 3:53; Рабби Йосеф Каро, *Шульхан Арух, Орах Хаим*, п. 11.

Так сказал праведный Царь Давид в *Теѓилим* 16:8-11:

(16:8) «Представляю я Господа пред собою всегда, ибо [Он] справа от меня – не пошатнусь». – Иными словами, я представляю всегда реальность Творца, которая окружает меня и которой открыты мои мысли и поступки. И потому я не попаду во власть греха или соблазна и не впаду в заблуждение, якобы только я сам определяю свою судьбу.

(16:9) «Поэтому возрадовалось сердце мое, возликовала слава моя, также и плоть моя будет пребывать в спокойствии». – Мои мысли, что Всевышний всегда справа от меня, радуют мое сердце, придают мне уверенность и я чувствую себя защищенным и спокойным, потому что знаю, что только добро исходит от Творца!

(16:10) «Ибо Ты не оставишь души моей в могиле, не дашь благочестивому Твоему увидеть тление [в гееноме]».[66] – Пути Твои, Всевышний – Истина и Праведность, не оставь верующих в Силу Твою, не прогоняй их от Себя, дай им совет, наставь на путь истинный, чтобы смогли полагаться на Тебя и продолжать верить в Твою Силу.

(16:11) «Укажи мне путь жизни, изобилие радостей пред ликом Твоим, блаженство в деснице Твоей вовек». – укажи верующим в Твою Силу, как им служить Тебе, чтобы поверили в Тебя, в Твое постоянное Божественное Провидение, и обратили к Тебе свои просьбы дать им совет и указать верный путь. Ты укажешь им, каков должен быть образ их жизни.

---

[66] Духовное чистилище, где души отбывают наказание и очищаются от грехов, в которых не успел раскаяться человек в течение земной жизни.

Беспрестанное осмысление существования Божественного Провидения неразрывно связывает человека с Творцом. Этот процесс не ограничивается работой разума, и когда человек постоянно размышляет об этом, мысли обязательно проникают внутрь сердца, завладевают его душой, выражаются в речи и поступках. Как раз в этом и проявляется свобода выбора – возжелать всем сердцем близости к Творцу, благословенному, или же служить деструктивным побуждениям своего дурного начала. Поэтому благословенной памяти мудрецы объясняли понятие «прилепиться к Творцу» как предписание «прилепиться» к святым мудрецам Торы,[67] создавая, тем самым, вокруг себя позитивное окружение, которое поможет преуспеть на путях обретения вышеупомянутых достойных качеств характера. В противном же случае, среди людей недостойных и аморальных не стоит и удивляться их пагубному воздействию на душу и сознание.

Вот, что сказано в Торе о познании Бога: «Познай же ныне и положи на сердце свое, что Господь это Бог на небе вверху и на земле внизу; нет другого».[68] Цель познания посредством работы разума – поселить в сердце человека любовь к Нему, ибо в сердце гнездятся все наши желания и побуждения к действию. Человек стремится делать то, к чему лежит его душа, и, напротив, сторонится всего, вызывающего страх. Но любовь не вспыхнет без сильного желания ее обрести, без беспрестанного осознания, постоянных мыслей о ней. Так же страшимся мы того, что, по нашему мнению, является угрожающим (если страх вызван опасностью), либо может вызвать чувство стыда, либо трепет и благоговение от

---

[67] Рамбам, *Книга Заповедей*, предписывающая заповедь 6.
[68] *Дварим* 4:39.

присутствия кого-то великого и вызывающего уважение и почёт.

Человек, мысли, чувства и действия которого направлены на определенный предмет, полностью фокусируется на нем. Он всецело погружен в тему, и в данном контексте, его можно назвать «целостным». Тот же, чей разум занят одним, сердце и эмоции – другим, поступки направлены на третье, четвертое или пятое, является не сосредоточенным, не целостным. Как мы объясняли выше, благодаря свободе выбора, каждый может направить свою целостность либо к добру, либо, сохрани Всевышний, к дурным делам. Идя на поводу деструктивных советов дурного начала, человек может сохранить свою целостность и в этом, погружаясь с головой и сердцем в океан мирских забот и становясь со своим дурным началом как бы единым целым.

В качестве иллюстрации представим себе врача, всем своим разумом и помыслами нацеленного на лечение и все, что связано со здоровьем. Его сердце переполняет забота о собственном здоровье и здоровье окружающих, он всегда будет предостерегать себя и других от всего, что может нанести вред здоровью, будет всячески пропагандировать здоровый образ жизни. Такого человека все называют «Доктор». «Доктор» всегда будет заботиться о физическом здоровье. И если кто-то придет и спросит: «Кто этот человек? Чем занимается?» Ответят ему: «Это Доктор. Чем он, по-вашему, занимается, о чем постоянно думает?» Его фокус не вызывает сомнений.

Или взять злодея, чьи мысли постоянно крутятся вокруг того, как бы навредить людям, поизощреннее это сделать… Его сердце будет исполнено желаниями совершать злодейства, изыскивая все новые способы для этого, а поступки будут соответствовать его злодейским помыслам. Все скажут о нем: «Этот человек – злодей».

Врач, в данном примере, является целостным человеком, приносящим людям пользу. Целостность злодея также очевидна, только она – во вред обществу. Хотя именно целостность является объединяющим их качеством: ведь все их силы, помыслы и поступки направлены на выполнение одной задачи, и именно об одной этой задаче они будут думать и говорить денно и нощно.

Человек, лишенный целостности, весьма отличается от упомянутых личностей: его мысли заняты понемногу сразу несколькими делами, в сердце нет четкой установки, какой именно задаче отдать предпочтение, его чувства ослаблены, он начинает заниматься каким-то случайным делом, а затем, не доведя до конца, берется за другое. Действия такого человека осуществляются то под влиянием одних мыслей и чувств, то – под влиянием других. В иных случаях вообще нет никакой связи между действиями такого человека и его мыслями или чувствами, поскольку чувства эти недостаточно сильны для того, чтобы управлять поступками; а иногда в его сердце не пробуждается вообще никакого чувства, побуждающего к каким-либо действиям. И если о таком человеке кто-нибудь спросит «Кто он? Каковы его поступки?» Мы сразу можем ответить, что человек этот рассеянный, не сосредоточенный ни на чем! Нам не известно ни о его качествах, ни о его поступках! Это совершенно нецелостный человек, мысли его беспорядочны, подобно поступкам.

Отличительным качеством праведника является его целостность; все его помыслы и устремления сердца направлены только лишь на то, чтобы думать о Всевышнем, постигая Его Сущность, и мысли эти будут всегда посвящены Творцу, как сказал праведный Царь Давид: «Представляю я Господа пред собою *всегда*...».[69] Силу своего разума праведник всегда будет направлять на постижение Всевышнего, пока не пробудится сердце и не устремит он свое желание в том же направлении. И это единение работы интеллекта и сердца пробудят в душе страстное желание слиться с Творцом. И в таком состоянии духа он смирит свою речь и действия, дабы не потерять это высокое чувство близости. Он сможет оставаться сфокусированным на близости к Творцу весь свой день, вне зависимости от того, какими делами он занимается. Более того, в нем постоянно будет разгораться желание достичь еще большего уровня близости посредством хороших и праведных дел, искренние слова восхваления Господа будут с легкостью слетать с его уст.[70] И напротив – он будет воздерживаться от всего дурного – от мыслей, слов и действий, которые противоречат воле Всевышнего, либо создают помехи на пути к близости к Нему. Таковы пути обретения целостности.

Когда человек идет путем праведности, а сердце его наполняется одним-единственным желанием – обрести близость к Творцу, благословенному, то он никогда не будет стыдиться своих чувств и устремлений перед лицом всякого рода насмешников.[71] Напротив: зная, что то или иное действие соответствует Истине и Воле Всевышнего,

---

[69] *Теѓилим* 16:8.

[70] См. комментарий РаШИ к *Берешит* 39:3: «Хозяин [Йосефа] видел, что с ним Господь», потому что Имя Небес (т. е. хвалы и благословения Богу) часто слетали с уст Йосефа.

[71] *Тур Орах Хаим*, п.10:1.

благословенно Его Имя, человек будет исполнять его без всякого страха и сомнения, игнорируя всяческие насмешки. Именно так поступал наш праотец Авраѓам – познав Истину и будучи привержен ей, он игнорировал все, что происходило в мире, как сказано: «Авраѓам был один…».[72] Иными словами, несмотря на то, что Авраѓам был единственным среди всех людей в своей вере в Единого Бога, и подвергался насмешкам и упрекам со стороны окружающих – как малых, так и великих – он твердо продолжал идти путем своей веры, убежденным в своей правоте. Такая исключительная приверженность поднимает человека на высочайший уровень чистоты помыслов и деяний, когда человек прямо и бесхитростно исполняет волю Творца в любой жизненной ситуации. И поэтому об Авраѓаме сказано так: «И поверил он Господу, и Он вменил ему это в праведность».[73] «И нашел Ты, что предано сердце его Тебе, и заключил Ты с ним союз».[74]

Когда человеку удается обрести качество цельности во всех своих поступках и его сердце рвется к Творцу, тогда он по-настоящему будет готов на самопожертвование ради Святого, благословенно Имя Его. Он осознает, что его личные устремления и цели в жизни далеко не самое главное, что вся суть и значимость его – лишь познание Творца всеми своими силами и возможностями. Тогда он всецело сможет посвятить всего себя во Имя Творца, благословенного. Всеми своими силами и все время он будет стремиться духовно возвыситься на все более и более высокие уровни постижения, на те уровни, где уже бессилен интеллект и познание, где человек растворяется в безграничном Свете Творца.

---

[72] *Йехезкель* 33:24.
[73] *Берешит* 15:6.
[74] *Нехемия* 9:8.

Наш праотец Авраѓам и был самым ярким примером такого самопожертвования: он вложил всю душу в свою миссию – вернуть всем народам мира утраченную Истину о Единстве Творца. Самостоятельно познав эту Истину, он стал призывать всех людей оставить идолов, разрушить статуи, споря со всем миром и приводя неопровержимые доводы, доказывавшие, насколько лжива их вера. Когда об этом узнал Нимрод, нечестивый царь Вавилона, то желая чтобы Авраѓам замолчал, он схватил его и решил напугать, пообещав бросить в огонь, если он не откажется от своих слов и не поклонится идолам. Авраѓам выбрал быть брошенным в печь, но не отступиться от своей Истины; Всевышний совершил чудо, и Авраѓам вышел из огня целым и невредимым. При этом Авраѓам совсем не надеялся на чудо; он лишь не мог согласиться лгать и отрицать Истину Создателя, ради которой и был сотворен человек.

Авраѓам думал так: «Какая польза будет мне от того, что я солгу и буду жить во лжи, от того, что буду думать, что я вовсе не человек, созданный по образу и подобию Всевышнего, а какой-то поломанный механизм, безжизненное тело, которое бредет без души. А если так, то жизнь моя будет не лучше смерти. Лучше я погибну, прославляя этим Господа Бога, исполнив этим свою задачу в этом мире, чем буду отрицать Истину и сохраню свое физическое тело». [75]

---

[75] Об этом вопрошали мудрецы: как человек может подумать, что он сможет удостоиться достичь уровней благочестия Праотцев народа Израиля. Вместо этого, коль скоро каждому дано контролировать свои поступки, праведный человек должен спросить самого себя «Когда же мои деяния достигнут уровня деяний Авраѓама, Ицхака и Яакова?» (*Танна Д'вей Элияѓу*, гл. 25). И это должно служить вдохновением для каждого человека, стремящегося удостоиться уровня благочестия в глазах Всевышнего.

В свете вышесказанного, может появиться вопрос, почему же тогда потомки Ноаха не обязаны отдавать свою жизнь во Имя Творца?[76]

Действительно, Святой, благословенно Имя Его, не повелел потомкам Ноаха отдавать свою жизнь ради прославления Имени Его в качестве *обязанности*. Тем не менее, когда человек достигнет уровня цельности своих мыслей и действий и посвятит их лишь Творцу, он просто не сможет поступить иначе, пойти вопреки выстраданной Истине, поступить против своего желания и своих идеалов. Он будет осознавать, что своей готовностью расстаться с жизнью ради Всевышнего, он совершит акт прославления Его, ибо все в сравнении с Истиной Создателя ничтожно и незначительно.

Самопожертвование не означает, упаси Всевышний, необходимость сведения счетов с жизнью, а лишь четкое сознание праведника и его истинное согласие не отказываться, не отделяться от Творца ни при каких условиях, даже под угрозой гибели. Самопожертвование во имя Всевышнего – смысл жизни праведника,[77] и каждое мгновение его жизни, каждый его вздох посвящается Создателю, все его мысли подчинены нахождению ответа на вопрос «Каким образом я могу соединиться со Всесильным, благословенно Его Имя,

---

[76] Рав Моше Вайнер, *Божественный кодекс*, ч.1 п. 4:3 и ч.5 п. 2:9.

[77] Готовность к самопожертвованию ради своих идеалов должна помогать человеку в каждодневной борьбе со своим дурным влечением. Ведь когда человек сознает, что готов отдать жизнь ради принятой им Истины, то тогда ему куда легче будет согласиться на более незначительные неудобства, связанные с преодолением соблазнов в исполнении Божественных Повелений для потомков Ноаха. Поскольку именно через них человек обретает свою персональную связь с Творцом и напротив, нарушая их – он делает связь слабее и удаляется от Него.

отдать Ему свои силы, подчинить Ему свой духовный и материальный мир». В этом и заключается высшая степень сознания полного праведника.

Раздел этот хотелось бы завершить словами молитвы, возносимой Творцу сынами Израиля каждый день утром перед чтением молитвы «Шма Исраэль»[78] («Слушай, Израиль!»):

---

[78] *Дварим* 6:4.

«Отец наш, милостивый отец, милосердный! Сжалься над нами и вложи в наше сердце разум – чтобы мы поняли и постигли (Тору Твою), услышали, научились и научили других, чтобы мы сохранили, исполнили и осуществили всё учение Торы Твоей с любовью. И дай увидеть глазам нашим свет Торы Твоей и прилепи наши сердца к Твоим заповедям, и сделай так, чтобы сердца наши наполнялись лишь любовью к Имени Твоему и трепетом пред Ним, и не придется нам стыдиться во веки веков...».[79]

---

[79] Мне не хотелось вносить изменения в слова молитвы, и я решил процитировать ее полностью, без изменений, так, как она написана в молитвеннике. Главная цель, которой я руководствовался, приводя слова этой молитвы здесь – выразить стремление сердца праведного человека, высказанное в молитве, каждый день сообщать Всевышнему о своей любви к Нему. Если кто-либо из потомков Ноаха по чистоте своего сердца пожелает вознести подобную молитву Творцу, я бы порекомендовал воспользоваться нижеприведенной формулировкой (не буду приводить здесь свои соображения в связи с изменением содержания молитвы – они очевидны всякому понимающему): «Отец милосердный! Сжалься над нами, дай сердцу нашему понимание, чтобы мы постигали и осмысливали, изучали и обучали других, хранили, соблюдали и исполняли волю Твою с любовью. Озари глаза наши для мудрости и пусть тянутся сердца наши к Твоим Семи Заповедям, и объедини сердца наши, чтобы любить Имя Твое и трепетать перед Ним. Избавь нас от стыда и позора, и не оступимся мы, потому что уповали на Имя Твое – святое, великое и грозное. Возрадуемся и возликуем, спасенные Тобою. Господь, Бог наш, никогда не оставляй нас снисхождением Твоим и великой милостью Твоею».

Раздел 2

Врата пророчества

Глава 1

Пророчество как центральная идея основ веры. Принцип свободы выбора

Одним из важнейших постулатов веры является то, что Творец, благословенно Его Имя, дает пророческий дар людям.[80] Какова же причина того, что именно этот постулат является одним из важнейших? Пророческий дар от Всевышнего человеку означает наличие связи с Творцом. Человек, достигший возвышенности в службе своей Всесильному, очистив свой разум и сердце от дурных мыслей, мирской лжи и пустоты, превращается в сосуд, готовый принять от Бога все то, что Тот пожелает ему дать, освещая его путь.

Вследствие того, что Создатель сотворил мир с целью, известной только Ему, творение со своей стороны не может постичь всю глубину Божественной цели. Но Всевышний, конечно же, приоткрывает завесу этой тайны своим созданиям. Это называется пророческим даром – связь Творца

---

[80] Рамбам, *Законы основ Торы* гл. 7. Согласно его мнению истинное пророчество также возможно и среди представителей народов мира; см. *Игерет Тейман*: «Поэтому, если еврейский пророк или нееврейский пророк утверждает....».

с человеком, через раскрытие Его и Его путей, через передачу знаний о Божественности в наши нижние миры.

Правильное понимание сути пророчества также помогает убедиться в ненадобности посредников между Богом и творением.[81] Ведь корнем ошибки тогда стало заблуждение, что Всевышний настолько «высок», что не будет нисходить до самостоятельного взаимодействия с земными творениями и влияния на них. Из этого сделали вывод, что между человеком и Всевышним нет прямой связи и, соответственно, отсутствует Божественное Провидение. Якобы, Создателю нет дела, чем занимается каждый отдельно взятый человек и что управление всем Он частично или полностью передал другим силам.

Осознание ошибочности таких рассуждений пришло людям, когда они получили знание, раскрытое Всевышним и переданное через истинных пророков. Тогда люди удостоились получить великий подарок от Творца, узнав что Божественное Провидение управляет всеми мельчайшими деталями в творении, на всех уровнях – как в общем, так и частном.

Господь, благословенный, беспрестанно следит за человеком, поддерживая в нем жизнь и помогая на жизненных путях, чтобы, в конечном итоге, человек стал жить в соответствии с Его волей. И когда человек осознает желания Всевышнего, поднимется до такого уровня чистоты, что сможет свои желания и чаяния подчинить желаниям и намерениям Создателя, то он, тем самым, достигнет целостности с этими высокими уровнями духовного постижения. В таком человеке,

---

[81] Объяснение этому дано в Разделе 1, гл.2.

в его разуме и сердце, смогут проявиться зачатки пророческих искр – ведь, реализовав в себе, до определенной степени, «образ и подобие Творца», он создает сосуд, который Всевышний сможет наполнить правильными мыслями и истинными знаниями.[82]

Основная идея пророчества заключается в следующем: Всевышний как бы соединяет Свое знание с человеческим знанием, и через это влияет на всю сущность человека. Отсюда видно, насколько ошибочно представление, что дар пророчества, якобы, связан с предсказанием будущего или чудотворством.

Высочайшие уровни пророчества мы встречаем в описаниях далеких Библейских времен, когда мужчины и женщины были способны достигать невероятных уровней благочестия и праведности. Они были способны достигать необыкновенного уровня единства с Создателем и через это удостаивались святого дара пророчества – чтобы передавать послания целым общинам и народам. Этот высочайший уровень пророчества мы можем часто встретить на страницах Танаха. И эти описания являются важнейшей его частью, ибо именно через пророчество можно укрепить веру в Единого Бога и познать Его Истину, переданную нам в Его Святой Торе. Без пророчества многие фундаментальные принципы не могут быть поняты и приняты, а уникальность дарованной свыше Истины, в отличие от множества придуманных человечеством, может быть неверно истолкована.

---

[82] Здесь приводится мнение Рамбама из книги «Путеводитель заблудших» в отношении Божественного Провидения, направленного персонально на каждого человека. См. ч. 2, гл. 17, 18.

Рамбам пишет так:[83] «…пророческий дар открывается только человеку очень мудрому, возвышенных душевных качеств, страсти которого никогда им не овладевают, но он сам управляет своими чувствами по своему желанию, постоянно. Он также должен обладать очень широкими и правильными познаниями. Человек, исполненный всех этих качеств, с совершенно здоровым телом, будет обладать правильными понятиями для пророческого постижения. И он постоянно освящает себя и отделяется от путей общества, блуждающего в потемках времени, он постоянно вдохновляет себя и приучается не думать о никчемных вещах, а также о преходящей суете и ее уловках. Напротив – его разум всегда устремлен ввысь и становится приверженным Престолу Славы, чтобы понять духовные формы, святые и чистые [которые окружают Престол], и разум его всматривается в мудрость Святого, Благословен Он, во всей ее полноте – от самой высшей духовной формы до центра земли. В результате он узнаёт Его величие и Дух Святости почиет на нем. В тот момент, когда почиет на нем Дух Святости, становится он другим человеком и осознает, что уже не такой, как был раньше, а возвысился над ступенью других мудрецов человеческих. Как сказано о Шауле: «[И снизойдёт на тебя Дух Господень,] и ты будешь пророчествовать с ними и станешь иным человеком».[84]

Эти слова Рамбама относятся к пророчеству высокого духовного порядка, на уровне великих пророков Танаха, пророчества которых явились достоянием целого народа и во многом повлияли на его судьбу.

---

[83] *Мишне Тора, Законы основ Торы* гл. 7.
[84] *Шмуэль I* 10:6.

Однако есть пророчество, которое возвышается над всеми видами пророчеств – по своему содержанию, качеству и истинности – это пророчество Моше Рабейну на горе Синай, в час принятия Торы от Всевышнего, благословенно Его Имя, как будет объяснено подробнее в дальнейших главах. В качестве одной из основ веры является знание о том, что пророческий дар дается Богом каждому в соответствии с его личным уровнем – чистотой разума, эмоций и поступков; наряду с этим основой веры также является знание о том, что достижение высочайших уровней пророчества и близости к Создателю не всегда связанно только с личными усилиями пророка в достижении этого, но Сам Творец решает и выбирает человека, чтобы он предстал перед Ним. В случае с Моше, Бог сам выбрал его и дал возможность духовно очиститься и подготовиться, пока тот не достиг предельного уровня близости и приверженности к Всевышнему.

Уровень пророчества Моше создал возможность небывалого прежде уровня близости. Через него Бог спустил в наш физический мир Свою Тору. «Тора» – это выражение всеохватывающей мудрости Творца, включающая в себя все духовные и материальные миры; это Его Слово для всех людей, на все времена. Она не ограничена указанием того, что делать конкретному человеку в конкретное время, или в чем состоит смысл жизни каждого человека, или даже всего народа или целого поколения. Смысл ее гораздо глубже и глобальнее – она отражает волю Всевышнего по отношению ко всему созданному Им творению. Она открывает для нас, с какой любовью и мудростью Он сотворил окружающий нас мир, и человека, в центре творения, удостоив его Своими повелениями, запретами, наградой, наказанием и целью существования. В этом и состоит идея пророчества, переданная нам в Торе и полученная через нашего учителя Моше, с которым Бог открыто говорил на горе Синай на глазах всего народа Израиля, как будет объяснено в дальнейших главах.

В отличие от уникального пророчества нашего учителя Моше существуют различные уровни пророчества, которые вполне достижимы праведным человеком. Это можно сравнить с различными уровнями важности принятия решений и проблем, с которыми мы сталкиваемся в повседневной жизни. Приведем аналогию:

− временами мы озадачены тривиальными вопросами повседневной жизни, такими как, например, что съесть на завтрак;

− иногда перед нами стоят более важные вопросы: какую профессию избрать (например, стать плотником или врачом) и это решение повлечет множество существенных следствий (в частности, время на обретение профессии, окружение во время работы, возможности трудоустройства и пр.)

− подчас же перед нами стоят вопросы, которые могут кардинально поменять всю жизнь, как, например, выбор спутника жизни или решение сменить страну проживания.

Таким образом, мы видим, что каждый вопрос, которым мы задаемся в течение жизни, имеет различный уровень значимости.

Все рассмотренные вопросы связаны с отдельно взятым человеком. Однако бывают и такие, от решения которых зависит судьба многих людей, целого общества, народа, человечества. Мэр города принимает решения, влияющие на жизнь подведомственных ему горожан, добавляя или упраздняя какую-либо улицу города, снося или возводя какое-либо здание. Решение его повлияет на многих людей в различных аспектах.

Если речь идет об обществе, существует система градации вопросов по их значимости, важности, а также по их влиянию на судьбу этого общества. Глава государства (царь или президент), например, имеет в своих руках власть и возможность принимать судьбоносные решения, от которых будет зависеть судьба народа, как, например, вопрос объявления войны другому государству, от решения которого будет зависеть будущее страны, самого правителя и граждан страны, а также их жизнь и имущество.

То же касается Духа Святости (*Руах а-Кодеш*) и дара пророчества:

— Есть вопросы, относящиеся к отдельно взятому человеку в связи с решением какого-либо незначительного духовного вопроса, например, взять в привычку завтракать до или после молитвы. И это правильный и важный вопрос, и Всевышний непременно поможет этому искреннему и достойному человеку найти верное решение. Но по сравнению с более глобальными вопросами, касающимися всей жизни и служения Всевышнему, можно сказать, что вопрос этот не имеет большой важности.

— Иное значение имеет вопрос, на ком жениться, ведь от выбора будущей жены зависит вся судьба и жизнь человека, образ его дальнейшей жизни.

— Существуют также вопросы, касающиеся духовности человека, совершенствования каких-либо положительных качеств, например, как достичь максимальной степени скромности или как избавиться от гнева.

Для решения всех этих вопросов праведный человек возносит свои молитвы к Всевышнему, прося его помочь ему найти правильное решение, указать способ действия в тех или иных ситуациях, и Творец Своим Божественным Провидением, помогает ему найти правильное решение, помещает в сердце нужные мысли. В этом и проявляется пророчество через Божественное Присутствие (*шхину*), которого удостаивается человек. Однако все это касается лишь отдельно взятого человека.

Иное дело – великие пророчества, связанные с целым обществом, народом. У таких пророчеств тоже имеется своя градация. Есть пророчества, последствия которого непременно окажут воздействие на целый народ, но не на весь мир; например, пророчество Йоны предназначалось лишь жителям Ниневии. Случаются пророчества, могущие оказать влияние на весь мир, но в каком-то отдельном аспекте – так произошло с пророчествами Йешаяѓу и Йехезкеля.

Бывают также великие пророчества, адресованные Всесильным, благословенно Его Имя, на все времена и поколения, как, например, повеление Адаму, в день его сотворения, о признании Бога и принятии для всего человечества Шести Божественных Заповедей.[85] В этих словах пророчества Бога раскрыл Адаму Свою волю – в чем состоит замысел всего творения и миссия человечества, в частности.

---

[85] Рамбам, *Мишне Тора, Законы о царях* 9:1.

(С точки зрения Адама, эта глобальная задача отличалась от частного запрета Творца вкушать плод с Древа Познания добра и зла, расположенного в центре Эденского Сада,[86] поскольку, согласно простому пониманию текста, речь шла о конкретном повелении в данной ситуации – не есть плод с Древа Познания – в данном конкретном месте в данный конкретный день.[87] Поэтому оно было представлено Всевышним как малое пророчество великому пророку – ведь оно касалось лишь только одного частного вопроса. А вот пророчество, в котором Всевышний передал шесть универсальных законов в качестве указания, как людям служить Творцу, для всех людей и на все поколения – несомненно, представляет собой куда более великое пророчество. Тем не менее, Адаму и Хаве не удалось выполнить и то малое, что было заповедано Всевышним; нарушение запрета есть плод с Древа Познания привело к духовному падению человека и всего творения, выразившееся в более длительном и сложном пути для достижения цели творения, которое случится с наступлением Эры Машиаха – да произойдет это вскорости в наши дни. Поэтому сказали, благословенной памяти мудрецы: «Будь так же тщателен в исполнении малых повелений, как и больших...»[88])

Подобно этому, Ноах получил пророчество о том, что в ближайшие 120 лет он будет заниматься строительством Ковчега, чтобы спасти себя и свою семью от Потопа, который

---

[86] *Берешит* 2:16.

[87] Это соответствует мнению мудрецов, которые учат нас, что Адаму и Хаве было велено не есть с Древа Познания лишь до заката их первого дня жизни (шестого дня творения), чего они не смогли выполнить (*Перуш га-Шах* на Тору, *Парашат Кдошим*; *Ор а-Хаим* на *Берешит* 1:29).

[88] Мишна. *Авот* 2:1.

уничтожит все человечество, как следствие чрезмерных злодеяний людей. Несмотря на то, что пророчество о Потопе было адресовано всему миру и, в некоторой степени, на все времена, по большому счету, оно все-таки предназначалось для поколения Ноаха и лишь на период со дня начала строительства ковчега и до завершения Потопа. Разумеется, пророчество это не столь велико по своему масштабу в сравнении с более великим пророчеством, полученным после Потопа, в котором Всевышний поведал, что заключает союз между человечеством и Всевышним, видимым знаком которого стала радуга. Творец пообещал больше не уничтожать людей и все живое с лица земли и передал Семь Заповедей для всех потомков Ноаха. И это было пророчество для всех живущих на земле на все поколения.

В процитированных выше словах Рамбама о том, что «…пророческий дар открывается только человеку очень мудрому…», речь идет о пророчествах, влияющих на жизнь и события целых обществ и народов, тогда они передаются лишь тем, кто сможет повлиять и повести за собой целые народы.

Однако, даже человек, не достигший такого уровня, может удостоиться получить дар пророчества, если будет осознавать важность великого постулата веры: только лишь Всевышний, благословенно Его Имя, наделяет людей даром пророчества на том или ином уровне, помогая им сделать выбор, указывая правильный путь, давая возможность разуму принять верное и доброе решение, ведя к добру. И в этом значение стиха: «Ибо

Он стоит по правую руку нищего, чтобы спасти от судящих душу его".[89]

Рассмотрев в общих чертах различные уровни пророчества, доступные человеку, перейдем к еще нескольким темам, неразрывно связанным с пророчеством.

Зададимся первым важным вопросом: каким образом свобода выбора позволяет человеку преуспеть в реализации стоящей перед ним цели. Как это может быть связано с пророчеством?

Одна из главных целей пророчества – указать на то, что каждый человек имеет возможность служить Всевышнему и достичь близости к Нему в той степени, какую определила для него Высшая Мудрость. И ни в коем случае не следует думать, что Творец изначально предопределил, быть ли тому или иному человеку законченным грешником или бездарным невеждой, совершенно неспособным служить Богу. Каждый человек создан Творцом и наделен именно теми качествами и способностями, которые позволят ему исполнить в совершенстве возложенное на него служение в рамках отведенного для него срока. Но в то же время, Всесильный не предрешает за человека, каковы будут его деяния. Человек самостоятельно, используя механизм свободы выбора, решает, делать добро или зло.

От идеи свободы выбора мы можем перейти ко второй, не менее важной теме: награды и наказания.

---

[89] *Теѓилим* 109:31. "От судящих душу его" – речь идет о добром и дурном началах в человеке, которые тянут его в разные стороны, а Всевышний как бы ожидает, чтобы помочь тому, кто захочет, чтобы его доброе начало взяло верх над дурным.

Всевышний, благословенно Его Имя, воздает добром всякому творящему добро, и наказывает всякого злодея. Каждому воздается, в соответствии с его выбором. Ведь если бы всё зависело только лишь от Бога и совсем не зависело бы от самого человека, не было бы места награде за добрые дела, ведь это добро не творилось бы человеком по собственной инициативе. И не было бы наказания за зло, потому что никакой вины за это зло на человеке бы не было. Два этих постулата более подробно будут рассмотрены в разделе «Врата раскаяния», с Божьей помощью.

Существует награда и наказание в этом мире или мире духовном после смерти за деяния человека – тому, кто стремится исполнять волю Творца и делать добрые дела, Всевышний воздает добром, а тот, кто нарушает и не старается исправиться – заслуживает наказания. Подобно этому существует также еще один вид награды и наказания, относящийся к духовности человека.

Того, кто творит добро, Всевышний приближает к Себе и всячески содействует в его деяниях, воодушевляя на новые добрые поступки. Он помогает человеку достичь новых духовных высот и реализовать заложенный в нем потенциал «образа и подобия Бога».

И наоборот, от человека, запятнавшего себя злодеяниями, Создатель скрывает Свой Лик, отторгает от Себя, усложняя для него возможность служить Ему – в наказание за совершенные нарушения.

В качестве примера, представим праведного человека, обращающегося с молитвой к Богу, с просьбой указать верное решение в возникшей жизненной ситуации. Всевышний наверняка внемлет его молитве и подскажет ему правильный путь, даст его разуму понимание и ощущение того, как следует поступить, либо каким-то иным способом, проявит Свое Божественное Провидение.

Злодей же, совершивший множество грехов, запятнавший себя нечистотой злодеяний, молясь Всевышнему и прося у него того же, что и праведник, может рассчитывать на снисхождение Творца, который из жалости и по милости Своей может послать ему помощь в исправлении. Но точно так же Бог может и отвергнуть его молитву, вогнать в страх, запутать в сомнениях, потопить в потоке ошибок… и все из-за его злых деяний и грехов! Состояние, когда Создатель не отвечает на молитвы или вводит человека в нескончаемую череду ошибок, и есть духовное наказание за злодеяния. Так сказал Господь Каину: «Ведь если станешь лучше, прощен будешь, а если не станешь лучше, то у входа грех лежит, и к тебе влечение его, но ты будешь господствовать над ним».[90] Иными словами, если встанешь на верный пусть, поскольку выбор в твоих руках, сможешь искупить свой грех, исправить свои недостатки, но если не сделаешь верный выбор и продолжишь злодействовать, грех – тут как тут, ведь он только и ждет, чтобы ты согрешил. Но ни в коем случае не говори, что твои поступки предрешены свыше и что ты не виноват в своих грехах, и что ты не можешь предотвратить очередного греха, поскольку у тебя такая судьба, так предначертано на Небесах… Знай же, что дурное начало лишь побуждает тебя возжелать совершить проступок, но ты способен контролировать себя и тем самым заслужить награду. Выбор, какой поступок совершить, всегда в твоих руках, а не в руках дурного начала! Сказали наши мудрецы:

---

[90] *Берешит* 4:7.

«Так Рейш Лакиш объясняет сказанное в стихе:[91] «Если над насмешниками Он насмехается, то смиренным дает милость»[92] – тому, кто хочет осквернить себя злодеяниями, Небеса не ставят преград на этом пути; тому же, кто хочет очистить себя и духовно возвыситься, Небеса оказывают поддержку». Иными словами, человеку, который желает идти путем зла, Всевышний не мешает, при том, что свобода выбора остается за этим человеком. Но тому, кто таки хочет вернуться к Творцу и пытается идти путем мира и добра, Всевышний оказывает всяческую милость и поддержку.

Да будет известно вам, дорогие читатели, что вопрос свободы выбора с одной стороны и награды и наказания – с другой, является продолжением основной мысли, рассмотренной в предыдущем разделе, а именно – идеи Божественного Провидения, пристального наблюдения Всевышним за каждым Своим творением, за каждым его действием. И так же как для Творца важно все его творение в целом, так важен для Него и каждый человек в отдельности. Поэтому Святой, благословенно Его Имя, соединяется по Воле Своей с действием человека, и когда тот совершает то или иное деяние, становится как бы его Партнером. С той лишь разницей, что когда человек совершает добро, Воля Творца – очевидна; когда же человек совершает злодеяние, Господь проявляется в этом поступке как будто полный грусти и разочарования…

Ошибочным является мнение, что Всевышний оставил свое творение на волю случая или «естественных природных законов», что Божественное Провидение не управляет всем, и

---

[91] Вавилонский Талмуд, Трактат *Йома* 38:2.
[92] *Мишлей* 3:34.

что Всевышнему нет никакого дела в том, какие деяния совершает человек в этом мире. Участие Всевышнего в действиях человека – и даже в его мыслях и чувствах – и есть проблеск искры пророчества. И это относится к любому человеку, даже к тому, чей уровень духовности пока еще невысок. Когда человек поступает правильно, этот поступок притягивает Божественное Присутствие, и тот, кто стремится к совершению добрых дел, может положиться на Всевышнего, на Его помощь и содействие на этом пути. Однако не каждый удостаивается открыто видеть и осознавать помощь Святого, благословенно Имя Его.

Когда праведный человек обращается к Всевышнему с молитвой о помощи в том или ином деле, Бог слышит его молитву и помогает в добрых делах. И если этот человек удостоится, он сможет познать ответ Всесильного, почувствовать Его Божественное Провидение над собой. Ему следует постараться слиться с Творцом посредством молитвы, изливая перед Ним свое сердце. Он должен отстраниться от всех посторонних мыслей и направить все силы своей души на обращение к Творцу. Подобно этому был путь молитвы праведников ранних поколений, когда уединившись и отрешившись от всех физических реалий этого мира, они усиливали внутреннее восприятие духовности и, поднимаясь на уровень слияния с Творцом, достигали возможности приобретения дара пророчества.[93]

---

[93] Рабейну Яаков бен Ашер, *Тур Орах Хаим* 10:38.

Глава 2

Различные уровни пророчества[94]

Следует знать, что не все пророки находятся на одном уровне. Подобно тому, как среди мудрецов существуют различия, соразмерно их степени мудрости, так и в деле пророчества можно выделить более великого и менее великого пророка. Однако их всех объединяет то, что пророческие видения посещают их во время ночных грез, либо в дневное время, когда дух пророчества нисходит на них и ввергает в состояние транса, как сказано «…в видении открываюсь ему, во сне говорю Я с ним».[95] Во время получения пророчеств конечности их сотрясаются, сила их словно уходит из тела, мысли как будто испаряются из мозга… Остается лишь чистое, свободное сознание, способное в таком свободном виде воспринять Божественные видения. Как сказано об Авраѓаме: «И солнце было к заходу, как крепкий сон напал на Авраѓама; и вот ужас, мрак великий находят на него»;[96] и еще сказано о пророке Даниэле: «А я остался один и видел это великое видение, и лишился я сил, исказилось лицо мое, и обессилел я».[97]

Ни один пророк не может самостоятельно выбирать время для пророчеств. Если же возникала необходимость получить пророчество для себя или других, то им нужно было

---

[94] Данная глава основана на книге Рамбама, *Мишне Тора, Законы основ Торы,* гл. 7.
[95] *Бемидбар* 12:6.
[96] *Берешит* 15:12.
[97] *Даниэль* 10:8.

сосредоточить свои мысли на Творце, уединившись и приведя себя в состояние радости. Поскольку лишь только когда человек пребывает в радости, он может удостоиться духа пророчества. Поэтому когда пророк Элиша хотел получить пророчество, но его сердце пребывало в печали, он приглашал музыкантов дабы поднять свой дух и развеселить свое сердце. И в таком состояние духа он был готов к принятию пророчества Сверху, как сказано: «И случилось это, когда музыканты играли, рука Всевышнего опустилась на него».[98]

Все вышеизложенное соответствует путям пророчества всех первых и последних пророков, за исключением нашего учителя Моше, который, как известно, является учителем всех пророков.[99] Какова же разница между пророчеством Моше и всех остальных? Все пророки получали дар пророчества во сне, либо в грезах. Моше Рабейну пророчествовал наяву, более того, он стоял на ногах, будучи в ясном сознании бодрствующего человека, как сказано: «И когда Моше входил в Шатер Откровения, чтобы говорить с Ним, слышал он Голос, говоривший ему над покровом, что на Ковчеге Завета, между двумя крувами, и Он говорил ему».[100]

Все пророки получают пророчества через ангела – посланника Всевышнего, поэтому рассказ их складывается в форме притчи, загадки. Моше Рабейну принимал пророческие послания не через ангела, «Устами к устам говорю Я ему, и явственно, а не загадками, и облик Господень он зрит»,[101] как

---

[98] *Книга Царств II* 3:15.
[99] Возможно Машиах будет обладать уровнем пророчества подобным уровню Моше; см. Рамбама, *Мишне Тора, Законы раскаяния* 9:2.
[100] *Бемидбар* 7:8-9.
[101] *Бемидбар* 12:8.

сказано: «И говорил Господь с Моше лицом к лицу»;[102] иными словами, никакой притчи или загадки, Моше Рабейну все видел сам, собственными глазами, воочию, потому что Всевышний передавал сообщения Моше напрямую уже в готовом виде, в целостности и полноте.

Остальные пророки, при виде пророческих картин, приходили в трепет, все их естество начинало таять, плавиться от высочайшего накала чувств. Иначе воспринимал это Моше. Тора так говорит о разговоре нашего наставника Моше с Всевышним: «...как говорит кто с другом своим»,[103] то есть, подобно тому, как человек может беседовать с близким другом, не опасаясь и не страшась его, настолько крепка была у Моше Рабейну сила сознания для понимания пророческих слов, идущих напрямую от Творца, которые он воспринимал, находясь в полном сознании. В отличие от других пророков, Моше мог в любое время облачиться в дух святости, и пророчество приходило к нему тотчас же; ему не нужно было настраивать особым образом свое сознание, не должен был он ждать, когда сознание его раскроется – ведь изначально он был настроен на то, чтобы получать пророчества, подобно ангелу-служителю. Поэтому Моше Рабейну пророчествовал всегда, как сказано: «И сказал им Моше: постойте, послушаю я, что повелит Господь о вас».[104]

Так говорит Всевышний Моше: «Иди, скажи им: "Возвратитесь в шатры свои". А ты здесь останься со Мною, и Я изреку тебе все заповеди и уставы, и законы, которым тебе учить их, чтобы они исполняли их на земле, которую Я даю

---

[102] *Шмот* 33:11.
[103] *Шмот* 33:11.
[104] *Бемидбар* 9:8.

им для владения ею».[105] Отсюда мы учим, что все пророки в то время, когда пророческий дар от них уходит, возвращались в шатры свои и продолжали заниматься мирскими делами, продолжали беспокоиться о своих физических потребностях – все без исключения, как весь остальной народ. Поэтому пророки не оставляют своих жен. Наш наставник Моше, в отличие от них, не вернулся в свой первый «шатер», потому-то и оставил свою жену навсегда, оставил все мирские дела и полностью связал свое сознание с Властелином миров, и дар пророчества никогда не покидал его, а лик его сиял светом святости, и стал он святым, подобно ангелам.

Бывает, что пророчество обращено лишь к самому пророку, благодаря чему он может лучше чувствовать сердцем, и больше понимать разумом – тогда он сможет понять ту часть мудрости Творца, которая раньше была недоступна его пониманию.

Также возможно, что пророк может быть направлен к какому-либо народу или в какой-либо определенный город или страну для того, чтобы сообщить им слово Бога о том, как им следует поступить в создавшейся ситуации, или от каких злодеяний следует отказаться. Направляя таких пророков, Создатель наделяет их особым великолепием, для того чтобы народ, к которому тот направляется, понял, что послал его ни кто иной, как Всевышний.

Однако не каждого человека, творящего чудеса, следует принимать за пророка, потому что не по этим критериям Тора определяет истинного пророка. Человек, который возвещает пророчество от имени Творца, еще до этого должен был быть

---

[105] *Дварим* 5:27-28.

известен своими духовными качествами, такими как мудрость и приверженность путям Торы. Если он следует путями пророчества в святости своей, отделяя себя, насколько это возможно, от мирских соблазнов и после этого возвещает, что получил послание от Святого, благословенно Имя Его, и после этого показывает некий знак или чудо, то тогда Тора обязывает нас признать такого человека истинным пророком и следовать его наставлениям.[106]

Возможна, однако, и такая ситуация, при которой человек, обладающий и мудростью и другими качествами, необходимыми для принятия пророчества, может явить некий знак или совершить чудо и при этом не быть пророком, посланным Всевышним. Даже в таком случае Тора обязывает нас следовать его наставлению и принимать его пророчество как истину. Эту идею можно объяснить по следующей аналогии:[107] По закону Торы в еврейском суде во время слушания дела должно быть не менее двух свидетелей. Даже если они оба лжесвидетельствуют, но при этом сами полностью соответствуют требованиям, предъявляемым Торой к свидетелям, то их показания должны быть приняты как истина, если не будет доказано обратное. [У нас есть только то, что видят наши глаза: два свидетеля, отвечающие всем критериям пригодности, и их показания, проверенные судом по всем правилам. Мы не знаем, что у них в сердце – вдруг они лгут, тщательно подготовившись и сговорившись? – Тора говорит принимать их свидетельство. Также и с пророчеством: человек, отвечающий критериям, предъявляемым к пророкам, являет знак. Мы не знаем, что у

---

[106] *Там же* 18:15-19.

[107] Рамбам, *Мишне Тора, Законы основ Торы* 8:2.

него в сердце – вдруг, он лжепророчествует, свернув на путь преступления? – Тора говорит принимать его пророчество.]

О подобных ситуациях сказано: «Сокрытое – Господу, Богу нашему, а открытое – нам и сынам нашим»;[108] и еще сказано: «...ибо человек видит глазами, а Господь видит то, что в сердце».[109]

---

[108] *Дварим* 29:28.
[109] *Шмуэль I* 16:7.

Глава 3

Пророчество и Тора Моше [110]

Сыны Израиля верили полной верой в нашего наставника Моше, как доверенного посланника Всевышнего[111] не из-за знамений, которые он являл. Если вера в пророка зиждется лишь только на чудесах, которые тот может показать, такая вера имеет изъян. Ведь люди могут поверить и в другого человека, также демонстрирующего некие внешние аспекты чудес и знамений, корень которых может находиться в колдовстве, магии или скрытых природных силах. В этом случае остается место для сомнений в природе продемонстрированного чуда.

Поэтому все знамения, явленные народу Израиля через Моше и описанные Торой не служили безоговорочным доказательством истинности пророчества Моше. Их цель была лишь осуществить некое действие, необходимое для народа в тот момент времени. Так, например, рассечение моря Суф было необходимо, чтобы уничтожить египетское войско и спасти народ Израиля.[112] Когда не стало воды, Моше ударил по скале, и оттуда стал бить родник.[113] Когда семейство Кораха восстало против Моше, для спасения еврейского народа земля поглотила всех восставших...[114] Подобным же

---

[110] На основе Рамбама, *Мишне Тора, Законы основ Торы* 8:2.
[111] Рамбам, *Основы веры*, 7-ая основа; *Мишне Тора, Законы основ Торы* 7:7.
[112] *Шмот* 14:15-30.
[113] Там же 17:5-6 и *Бемидбар* 20:9-11.
[114] *Бемидбар* 16:28-34.

образом можно объяснить и все остальные знамения Творца в пустыне.

Тогда в чем же основа уникальной веры в Моше и переданную им Тору? Основа этой веры в личном Свидетельстве Творца о Моше, сообщенном Им на горе Синай всему еврейскому народу! Именно там, во время Божественного Откровения, весь народ, более двух миллионов взрослых и детей удостоились своими глазами и ушами слышать и видеть Глас Божий. Каждый из стоявших перед горой Синай пережил это лично. Своими глазами они видели, и своими ушами слышали, как Глас Божий, обращаясь к ним с Десятью Речениями, говорил с Небес: «Моше, Моше, скажи народу так-то и так-то, повели им сделать то-то и то-то...».[115] Коллективное знание о статусе Моше, как посланнике Бога, не было получено как некая традиция, которую им кто-то передал или рассказал. Пережитое каждым *лично* Божественное Откровение и слова Всевышнего не оставили и тени сомнений в особой роли нашего наставника Моше и в Божественном происхождении повелений Творца, записанных в Торе. Поэтому написано так: «Лицом к лицу говорил Господь с вами [*со всем еврейским народом*] на горе из среды огня. Я [Моше] стоял между Господом и вами в то время, чтобы пересказать вам слово Господа, потому что вы боялись огня и не восходили на гору... »[116] и также: «Тебе [*еврейскому народу*] было дано видеть, чтобы ты узнал <...>, а на земле явил тебе Свой великий огонь, и Его слова ты слышал из огня <...> храни же Его установления и Его

---

[115] Рамбам, *Мишне Тора, Законы основ Торы* 8:1.
[116] *Дварим* 5:4-5.

заповеди, которые я [*Моше*] повелеваю [исполнять] тебе сегодня <...> на все времена».[117]

Этот основополагающий принцип упоминался также во время персонального раскрытия Творца нашему наставнику Моше на горе Синай у горящего куста, когда тот получил свою миссию от Бога. Всевышний так сказал Моше: «И это будет тебе знак, что Я послал тебя: когда выведешь ты этот народ из Египта [не это будет знаком; а то что], будете вы служить Богу на этой самой горе».[118] Тем самым Всевышний сообщает, что чудеса, связанные с Исходом из Египта, были лишь необходимой, но временной мерой. Но как только еврейский народ сбросит иго рабства, предстанет у горы Синай и лично засвидетельствует, как Моше будет вызван служить Творцу на гору, это развеет окончательно все сомнения относительно Моше.

Отсюда видно, что только лишь принародное раскрытие Творца на горе Синай является единственным и бесспорным критерием, лежащим в основе нашей веры и безоговорочного принятия пророчества Моше и переданного нам Учения Всевышнего. Как сказал Святой, благословен Он, Моше: «И сказал Господь Моше: Вот, Я приду к тебе в густом облаке, дабы слышал народ, как Я буду говорить с тобою, и тебе также поверят *навсегда*».[119] Поэтому вера в Моше незыблема до тех пор, пока жив еврейский народ и не забыта Тора, и основана эта вера отнюдь не на чудесах, явленных через него. Такое уникальное свидетельство группы, состоящей из миллионов человек, невозможно опровергнуть или

---

[117] *Там же* 4:35-40.
[118] *Шмот* 3:12.
[119] *Там же* 19:9; Рамбам, *Мишне Тора, Законы основ Торы*, гл.8.

усомниться в нем, ибо каждое поколение передает это свидетельство своим потомкам. До своей смерти Моше записал эти события в первый Свиток Торы под диктовку Всевышнего, а затем переписал на двенадцать Свитков для каждого из Колен Израиля, которые лично засвидетельствовали и подтвердили верность изложенных в нем событий, свидетелями которых были они сами.[120] Поэтому написано: «Учение заповедал нам Моше, наследие общине Яакова».[121]

Однако, если придет человек, называющий себя пророком, и попытается отрицать или оспорить что-либо в пророчестве Моше или в дарованной нам Торе, то даже если он сотворит великие чудеса и покажет знамения, мы не должны его слушаться, потому что точно знаем, что его пророчество ложно, а все эти знамения – не что иное, как колдовство или обман. Почему мы в этом так уверены? Потому что мы твердо знаем, что пророчество Моше было дано на все времена и не подвержено изменению, ибо проистекает из эпохального события – раскрытия Творца на горе Синай, свидетелями чему был весь еврейский народ. Вот как сама Тора говорит о лжепророке: «И сбудется знамение или чудо, о котором он говорил, сказав: «Пойдем за иными богами, которых ты не знал, и будем служить им» – то не слушай слова этого пророка или этого сновидца, ибо Господь, ваш Бог испытывает вас...».[122] Лжепророк приходит с чудесами и знамениями, чтобы отрицать Истину, принятую всем еврейским народом – то, что они видели и слышали своими собственными глазами и ушами, а также подтвердили

---

[120] *Дварим* 31:9.
[121] *Там же* 33:4.
[122] *Там же* 13:3-4.

точность описания этих событий в Торе, и в дальнейшем передавали из поколения в поколение.

Но если послание человека, называющего себя пророком, соответствует Торе и при этом он демонстрирует чудеса, этот человек должен быть признан, как истинный пророк, на основании повеления Всевышнего, переданного через Моше: «Пророка из твоей среды, из твоих братьев, подобного мне [Моше], поставит тебе Господь, твой Бог – его слушайтесь <...> Что будет говорить пророк от Имени Господа, но то слово не сбудется и не настанет – это слово, которого Господь не говорил: пророк говорил его злонамеренно, не бойся его!»[123] Таким образом, в основе решения об истинности пророчества лежат отнюдь не чудеса и знамения, продемонстрированные человеком.

После испытания[124] пророка на соответствие критериям истинности его пророчества, такого человека не проверяют всякий раз, когда он дает новые предписания или обращается к другой группе людей в другом месте. Мы обязаны следовать его указаниям все время, пока он будет соответствовать известным характеристикам истинного пророка, даже не зная совершенно точно, являются ли его дальнейшие чудеса и знамения действительно Божественными чудесами.

---

[123] *Там же* 18:15-22.
[124] Если не сбывается пророчество о каких-то негативных событиях, которое передается от Имени Творца, это еще не означает, что пророчество было ложным. Ведь суровый приговор, о котором было сказано, может быть аннулирован благодаря милосердию Творца или в результате раскаяния и исправления тех, кому было адресовано пророчество. В качестве примера можно привести жителей Ниневии, совершивших раскаяние и прощенных Творцом, как рассказывает об этом Книга Ионы.

К пророчествующему человеку, о котором не известно людям, является ли он истинным пророком, применяются те же правила. Как объясняет Рамбам:[125] «Также как еврейский суд полагается на показания двух свидетелей, даже когда не известно, говорят они правду или нет, также нам велено слушать пророка, даже если мы точно не знаем, является ли явленное им чудо истинным или сделано силами магии».

Ограничения в применении критериев истинности пророчества, а также заявления, из которых сразу явствует, что пророчество ложно, будут рассмотрены в следующей главе.

---

[125] Рамбам, *Мишне Тора, Законы основ Торы* 8:2.

Глава 4

Вечность Торы Моше [126]

В Торе сказано четко и ясно, что сама Тора (Пятикнижие Моше) является заповедью на веки вечные. Она не может быть изменена, исправлена, дополнена, из Торы невозможно убрать ни единой буквы! Как сказано: «Все, что я заповедую вам, бережно исполняйте; не прибавляй к тому и не убавляй от того», [127] а также сказано: «Сокрытое – это Господу, Богу нашему, а открытое – нам и сынам нашим навечно, чтобы исполнять все слова Закона этого». [128] В предыдущих главах мы изучили, что все Заповеди Торы даны нам для их вечного исполнения. Как сказано: «Это устав вечный во все ваши поколения, во всех местах поселения вашего». [129] И еще сказано: «Не на Небесах Она [Тора]». [130] Из этих изречений мы учим, что ни одному пророку с момента Дарования Торы не дозволено менять или дополнять ее слова никоим образом.

Поэтому если появится человек – будь то представитель народов мира или кто-то из еврейского народа – и, показывая знамения и творя чудеса, будет утверждать, что Творец послал его и повелел ему сделать одно из нижеперечисленного, то знай, что это лжепророк:

а) добавить какую-либо заповедь к существующим,

б) упразднить какую-либо заповедь,

---

[126] Большая часть этой главы написана на основе книги Рамбама *Мишне Тора, Законы основ Торы* гл. 9.
[127] *Дварим* 13:1.
[128] *Дварим* 29:28.
[129] *Ваикра* 23:14.
[130] *Дварим* 30:12.

в) трактовать какую-либо заповедь по-другому, не так, как мы слышали это от наставника нашего Моше,

г) если он будет говорить, что заповеди, полученные нами у горы Синай, действуют (или действовали) только на определенном отрезке времени, что они не навсегда, не для всех поколений.

Такой человек пытается отрицать пророчество нашего наставника Моше, не принимая во внимание тот факт, что Сам Всевышний повелел Моше передать заповеди нам и нашим потомкам во всех поколениях до конца дней – ведь Бог не как человек, и все слова Его истинны.[131]

Если все это действительно так, каков же смысл изречения Торы «Пророка поставлю им из среды их братьев, как ты [Моше], и вложу Я речи Мои в его уста, и будет он говорить им то, что Я повелю ему»?[132] Так ведь пророк не приходит к нам, чтобы изменить нашу веру или предложить новую! Он лишь сообщает волеизъявление Всевышнего, напоминает о Его заповедях, предостерегает народ о наказаниях, которые последуют вслед за нарушением заповедей Творца, благословенно Его Имя; как сказал последний из пророков: «Помните Тору Моше, раба Моего».[133]

Возможно также, что посланный нам Создателем пророк будет сообщать Его повеления, важные для народа в данный конкретный момент о том, что не запрещено Торой, но и не являются заповедями: например, повелит нам поменять место проживания, или наоборот – оставаться там, где мы обитаем;

---

[131] *Бемидбар* 23:19.
[132] *Дварим* 18:18.
[133] *Малахи* 3:22.

либо сообщит о том, необходимо ли нам выступить с войной, или не следует ее начинать; следует ли нам возвести стену вокруг города, либо ни в коем случае не возводить – если было установлено, что пророк этот истинный – то заповедь Всевышнего слушаться такого пророка.

А также если скажет пророк – о котором мы точно знаем, что он истинный пророк (!) – нарушить любую заповедь из Торы или нарушить несколько заповедей, *но лишь временно* – мы обязаны слушаться его (с одним исключением, которое будет объяснено ниже).

Мудрецы ранних поколений учили в переданной нам Устной Традиции: «Если скажет тебе пророк: "Нарушь *временно* слова Торы!", как Элияѓу на горе Кармель – слушайся его во всем, кроме идолопоклонства». Элияѓу принес жертву Богу на горе Кармель, несмотря на то, что уже действовал построенный в Иерусалиме Храм и потому было запрещено евреям приносить жертвы вне Храма.[134] Тора определяет: еврей, приносящий жертву вне Храма, «отторгнут будет от народа своего».[135] Но поскольку Элияѓу был проверенным пророком, все были обязаны слушаться его – ведь было ясно, что данное событие уникально и носит временный характер. Повеление[136] «Пророка из среды твоей … его следует слушаться» применимо и в этом случае.

«Как же мы можем упразднить написанное в Торе: "Остерегайся, не приноси жертв всесожжения твоих в любом

---

[134] *Книга Царств I* 18:20-39.
[135] *Ваикра* 17:8-9. Этот вид духовного наказания, отсечение души, называется на иврите *карет*.
[136] *Дварим* 18:15.

месте, которое увидишь?"»[137] – можно было бы спросить Элияѓу. Он бы ответил: «Верно, сказано в Торе о том, кто будет приносить жертвы вне Храма, будет душа того еврея отрезана от народа своего. Но я приношу жертву по слову Бога Всесильного в данной исключительной ситуации, чтобы изобличить пророков Баала».

Если же кто-либо скажет, что заповеди Торы упразднены навсегда – это лжепророки, ибо как сказано: «Тора дана нам и сынам нашим навечно...».[138] И так же, если скажет кто-то, что получил пророчество, якобы упразднен навсегда Закон Торы, переданный нам как Устная Традиция от Моше с горы Синай – он лжепророк, и в обоих случаях такие лжепророки подлежат смертной казни.[139]

---

[137] *Там же* 12:13.

[138] *Там же* 29:28.

[139] Большой Санѓедрин являлся верховным еврейским судебным органом, состоящим из 71-го мудреца. Он просуществовал со времен Моше до начала римского изгнания, после разрушения Второго Храма. По решению такого суда, если еврей лжепророчествовал от Имени Бога, то приговаривался к смертной казни через удушение.

Для потомков Ноаха закон отличается, как мы разъясняли в книге «*Божественный кодекс*», часть 1, гл. 2:8: «Даже если кто-либо из Потомков Ноаха виновен в лжепророчестве и подлежит за это наказанию, он получает наказание с Небес. В Кодексе Потомков Ноаха нет прямого повеления судить лжепророка, и поэтому суд Потомков Ноаха не судит такого человека. Однако он может подлежать суду Большого Санѓедрина в тех случаях, когда это применимо. Тогда же, когда Большой Санѓедрин не собирается (либо есть какие то иные причины, по которым его дело не может быть рассмотрено), но человек лжепророчествует от Имени Бога, призывая служить идолам, или изменить одну из Семи Заповедей или создать новую религию, то в таких случаях суд потомков Ноаха может судить такого лжепророка, в случае необходимости. Если же он пророчествует ложно Именем Бога, но не призывает добавить или изменить одну из Заповедей Творца, а говорит лишь о каких-то разрешенных вещах, в таком случае автор придерживается мнения, что следует его предупредить и повлиять на него, с тем чтобы он прекратил

То же применяется, если лжепророк сообщает что Всевышний *повелел* ему вывести новое суждение или закон по какому-то конкретному делу или ситуации, даже если он показывает чудеса. Он отрицает тем самым, что Тора уже была дана с Небес через Моше на горе Синай, как сказано «Не на небесах Она [Тора]».[140]

Если же предполагаемый пророк утверждал, что в определенный момент нам следует делать так-то и так-то, нам следует слушаться его во всем, кроме одного. Любого пророка нам запрещено слушать, если он призывает к служению иным богам, даже временно. И даже если он совершает невиданные доселе чудеса и знамения, и говорит, что Бог повелел ему или кому-то другому служить идолам всего лишь один день или только раз, мы знаем точно, что говорит он «преступное против Господа, Бога вашего».

этим заниматься, сообщая ему о том, что он за подобное подлежит смерти от руки Небес...»

[140] *Там же* 30:12. Если такого человека считают лжепророком, то как тогда понимать, что великих мудрецов Торы, среди которых были и те, кто заседал в составе Большого Санѓедрина, во время их занятий Торой осеняло Божественное Откровение в виде пророчеств, и даже тогда, когда они выносили свои мнения по установлению решений в еврейском законе? Ответ состоит в том, что мнения, основанные на подобных Откровениях, выносились на дальнейшее обсуждение между мудрецами, наряду с другими мнениями по обсуждаемому вопросу, но не принимались безапелляционно, как повеление с Небес. Определенные вопросы в Законе должны быть обсуждены и приняты большинством мудрецов. Если кто-то из мудрецов предлагал решение, основанное на Божественном Откровении, оно принималось к обсуждению и всесторонне изучалось. И если большинство мудрецов соглашались с ним – каждый на основании собственного рационального постижения – только тогда оно принималось.

Об этом сказано в Торе: «И сбудется знамение или чудо, о котором он говорил, сказав: "Пойдем за иными богами, которых ты не знал, и будем служить им" – то не слушай слова этого пророка... ибо говорил он преступное против Господа, Бога вашего».[141] В подобных случаях Тора сообщает, что этот, так называемый пророк, отрицает истинность пророчества Моше. Поэтому мы однозначно понимаем, что перед нами лжепророк, и если он являет какие-либо чудеса в подтверждение своих слов, то совершены они силами магии и колдовства.

---

[141] *Дварим* 13:3-6.

Раздел 3

Врата служения

Глава 1

Сущность служения Всевышнему

Творец – велик и грозен. Человек обязан любить Его и трепетать пред Ним. Как же это возможно? Как можно вменить чувства в обязанность?

Когда человек отстранится от суеты материальных забот и задумается о деяниях и творениях Всевышнего, чудесных и великих, которые Он продолжает творить каждое новое мгновение, и убедится в Его безграничной и несравненной мудрости, которой управляется вся сотворенная реальность – материальная и духовная – возгорится в человеке желание любить, восхищаться и прославлять Его. Этот настрой души приведет к стремлению познать Создателя и Его атрибуты, как сказал Давид: «Жаждет душа моя Всесильного, Всесильного [Бога] живого».[142] И когда продолжит человек концентрировать на этом свое сознание, то будет он потрясен и устрашится от мысли, что сам он, такое малое и ничтожное творение, стоит со своим слабым и ограниченным интеллектом пред Всесильным Богом, Чье знание всех аспектов бытия совершенно. Как сказал Давид: «Когда я

---

[142] *Теѓилим* 42:3.

взираю на небеса Твои, творение пальцев Твоих <…> – что есть человек, что Ты помнишь его?».[143, 144]

Таким образом, не к чувствам адресована обязанность любить Творца и трепетать пред Ним, а к разуму. Когда мы проникаемся мыслью, что сотворение мира для заселения его людьми исходит из сущностного желания Создателя, и что вся реальность самоустраняется пред Ним и не имеет никакого отдельного от Него существования, то приходим к признанию, что в реальности, в которую мы помещены, мы должны стать служителями Творца. Поэтому величие каждого человека и цель его существования состоит в том, чтобы удостоиться выполнить эту задачу.

Однако, принимая во внимание, что не каждый обладает природным даром любви и трепета перед тем, что он не чувствует, мы обязаны задействовать для этого силу своего разума, и через его призму вглядеться в величие Создателя и в собственную ничтожность перед Ним. Такое сопоставление сущностей Всевышнего и человека приблизит к познанию Творца и, в свою очередь, окажет влияние и на наши чувства. И таким путем, от осознания к чувствам, мы сможем обрести любовь и трепет перед Всевышним. В качестве награды за такое усилие Творец, со своей стороны, также станет приближать нас к Себе, и тогда нам может открыться великий дар с Небес – чувство любви и трепета, порожденные сердцем.[145]

---

[143] *Там же* 8:4-5.

[144] Рамбам, *Мишне Тора, Законы основ Торы,* гл. 2.

[145] В терминологии хасидского учения подобное пробуждение снизу *(ґитъарута ди-ле-тата)* и усилие человека со своего уровня стать ближе к Всевышнему может привести к отклику Свыше в виде помощи Небес

Известно, что существует изсвестная трудность на пути к постижению сущности Всевышнего и Его величия. Она заключается в том, что мы постигаем окружающую реальность посредством своих органов чувств (зрения, слуха, обоняния, вкуса и осязания). Другими словами, человек рисует в своем сознании некие образы и картины того, что он пытается понять и изучить. Таким образом, наше понимание ограничено собственной способностью к восприятию абстрактных идей, а также окружением и опытом. Если человеку удастся постичь идею на абстрактном уровне, тогда его осознание расширится и углубится. Однако мы никогда не сможем совсем избавиться от связи с физическим аспектом ведь мы сами – творения с ограниченным восприятием, в которое никогда и никак не сможет уместиться все безграничное величие Творца.

По этой причине для того, чтобы сознание человека приблизилось к пониманию сути Творца, благословенно Его

(*гитъарута ди-ле-эйла*), которая позволит этому человеку выйти на новый уровень постижения духовности, чего он не смог бы достичь исключительно благодаря собственным усилиям. Если человек удостаивается такой помощи Небес и старается использовать это для своего духовного роста, он тем самым обретает возможность укрепиться на своей новой духовной ступени. Однако весьма легко упустить эту возможность, которая дается лишь временно, и застрять на прежнем духовном уровне.

Также возможно, что Всевышний, по своей великой Милости и Доброте, пошлет пробуждение Свыше тому, кто весьма погряз в привычных для него грехах и дурных привычках; и это влияние наполнит его сердце бурлящей любовью к Творцу, придаст ему сил вырваться из порочного круга неправедных дел и стать более благочестивым.

Каким бы образом ни проявлялась подобная помощь Свыше, ее следует воспринимать как временное раскрытие Милости Творца к данному человеку; не следует это путать с духовной или материальной наградой, которая подобна выверенной оплате за соблюдение повелений Создателя и совершенные добрые дела этого человека.

Имя, необходимо использовать иносказания, аллегории, с тем, чтобы через них наглядно показать на нашем уровне понимания, что собой представляет сущность Создателя. Первым и важным шагом в этом направлении является осознание Истинности Существования Творца. Из этой точки сердце способно пробудиться к любви и трепету перед Ним.

Как было объяснено ранее в первой главе первого раздела, раскрытие Творца в пророческом видении облечено в форму некой физической аналогии (к примеру, видение Бога в обличье человека или звук Его голоса на каком-либо языке, понятном пророку) – для того чтобы пророк воспринял послание своим разумом и облек его в форму слов. Подобный интеллектуальный процесс еще более необходим тем, кто пытается прийти к познанию Творца по собственной инициативе. Ведь подобное постижение может опираться лишь на собственное понимание человека и опыт, приобретенный к тому моменту.

Один из наиболее простых и близких к пониманию путей постижения – это попытка представить реальность Творца по аналогии с человеческими душой и телом. Как сказано: «Из плоти своей узрю Бога».[146] Иными словами, познавая свое тело и то, как душа оживляет его, образуя вместе «образ и подобие Бога» мы можем по аналогии представить себе и саму Божественность.

Тело не может существовать само по себе, без души, которая оживляет его каждое мгновение. Это относится не только к жизненности тела в целом, но и к каждой его частице в

---

[146] *Иов* 19:26.

отдельности. Работа каждой части организма – не что иное, как проявление души, как, например, зрение, слух, обоняние, осязание и многое другое. Тело никоим образом не может функционировать самостоятельно, без души, без жизненного вдохновения, которое она дает организму.

Тора учит, что весь мир, как макрокосм, а человеческое тело – микрокосм. Без жизненной силы, Источником которой является Творец, он не сможет просуществовать ни мгновения. Эта жизненная сила проявляется в различных силах природы, которые, по сути, являются силами Всевышнего, благословенно Его Имя, которые привносят жизнь в природу. Эти силы являются проявлениями души, приводящей в движение великий организм нашего мира. В этом, по сути, и заключается основа мироздания, основа существования жизни в нашем мире. Действие природных сил, которые проявляются в различных сферах жизнедеятельности мира, представляют собой лишь следствие деятельности энергии, источником, которой является Творец – подобно тому, как душа человека воздействует на его тело посредством энергии, приводя в действие все мельчайшие частицы его организма.

Более того, изучая самого себя, человек приходит к пониманию, что тело его, будучи вещью временной, вторично по отношению к душе, являющейся источником его жизни, чувств и интеллекта. Естественным для тела действием является выполнение всех установок и предписаний души, передаваемых ему посредством энергии, посылаемой душой. Поэтому тело подчиняется повелениям души (выражаемых в воле и желаниях) без сопротивления, ибо ясно, что нет у тела собственной жизненности без души. И эта идея весьма проста для понимания, поскольку каждый человек легко может ощутить, что он жив, и осознать, что источником его жизни является душа.

Человеку также следует задуматься о том, что его тело и душа – лишь частички грандиозного общего макрокосма, включающего в себя весь мир, и что жизнь его тела является микрокосмом великой жизненной силы всего мира, состоящего из различных уровней – неживой материи, растений, животных и людей, со множеством различных деталей в каждом из них.

Это великая сила жизни проистекает из реальности Творца посредством Его Речений,[147] дающих жизнь всему сущему и поддерживающих все мироздание каждый момент времени. Чтобы лучше понять эту идею, следует взглянуть на то, как теряется важность отдельной детали на фоне большой картины, частью которой она является. Так же и человек должен осознать, что он и есть та мельчайшая частица по отношению ко всему сотворенному миру, а он [мир], в свою очередь – ничто по отношению к сущности Всевышнего. И это подобно тому, насколько ничтожно мало слово, по

---

[147] Из *Пиркей Авот* 5:1 мы учим: «Мир был сотворен посредством Десяти Божественных Речений». Эти слова Творца, записанные в самом начале Торы в главе *Берешит*, благодаря которым все составляющие реальности – духовной и материальной – постоянно вызываются к существованию. Подробнее об этом сказано в *Берешит Раба* 17:1. Живительной силой, проистекающей из этих Божественных Речений, являются буквы Святого Языка, составляющие эти Речения, из которых в неисчислимых комбинациях составлена сущность всех частей творения. Об этом мы говорили выше, вкратце, во второй главе первого раздела, которая основана на труде Рабби Шнеура Залмана из Ляд (Алтер Ребе) *Тания*, часть 2, *Врата Единства и Веры*.

отношению ко всему интеллекту, а он, в свою очередь, ничтожен по отношению к величию и силам души. И, несмотря на все это, Творец заботится и наблюдает за каждым человеком, видя все его мысли и желания, творя мироздание для его пользы. Поэтому задача человека состоит в том, чтобы вести образ жизни в соответствии с волей Всевышнего, в русле течения Божественной энергии, дающей жизнь всему творению, ибо таково желание Создателя.

Почему так? Человека здоров тогда, когда все его органы и части тела здоровы и функционируют скоординировано. Так же и здоровье всего мира определяется скоординированной работой всех его составляющих под управлением Источника всех сил, Творца мироздания. Поэтому человеку следует вести себя в соответствии с возложенной на него [Всевышним] задачей, стараясь улучшать и возвышать людей и общество, в котором он живет, и все творение в целом. Тогда он не будет представлять себя некой самостоятельной силой и отделенным от Единого Источника всякой жизни на земле. А если будет наоборот, тогда мир станет подобен больному. Так работает принцип «Из плоти моей узрю Бога».

(И пусть человек не возомнит по ошибке, что величие Творца ограничивается лишь наделением всего сотворенного жизненной энергией. Ведь Всевышний вызывает к жизни все мироздание, движимый лишь желанием раскрыть Себя людям через то, каким образом Он управляет всем посредством Своего Божественного Провидения. В действительности же Его величие и превознесенность выше всякого нашего понимания и осмысления. Но даже и дарованная Им жизненная энергия и Божественное Провидение, по сути своей, намного выше любого человеческого постижения.

Более того, все творение и все миры не представляют собой ничего, они – полное ничто в сравнении с Ним, как это было объяснено ранее в разделе Врата сознания, глава 1.)

Кроме того, человеку следует задуматься о том, что каждая деталь мироздания имеет определенную цель и была сотворена неслучайно. Когда человек осознает, что весь мир был сотворен Всевышним для определенной цели и задачи мироздания, в большинстве своем, сфокусированы на человеке, тогда станет ясно, что постижение этих целей нашим разумом и реализация их в жизни должны быть нам по силам. Создатель, по Своей великой милости к человеку, наделил его возможностью выбрать путь служения Ему и исполнения возложенной на него задачи. Поэтому с самого момента сотворения человека Творец позаботился о том, чтобы передать людям Свою волю и повеления, как это записано в Торе Моше. И повеления эти многократно повторяются в различных местах Танаха, все слова которого – истинные пророчества и Божественное Откровение.

Мудрецы придавали большое значение этим повелениям, чтобы обучить людей соблюдать возложенные на них обязанности – такие, например, как повсеместное установление и распространение принципов доброты и справедливости, а также прочие добродетели, перечисленные, в частности, в Поучениях Отцов (*Пиркей Авот*).[148] Благодаря

---

[148] Так, например, в трактате *Авот* 1:2 сказано: «Шимон Праведник говорил: «На трех вещах стоит мир – на Торе, на служении [Богу посредством молитвы] и на добрых делах»; в 1:12 «Гилель говорил: «Будь как Аѓарон – люби мир, стремись к миру, люби людей и приближай их к Торе»; в 1:18 «Раббан Шимон бен Гамлиэль говорил: «Три условия – залог существования человечества: правосудие, честность и добрососедство. Как

изучению таких советов перед человеком открывается понимание, какие качества и черты характера ему следует развивать в самом себе, какое выработать отношение к другим людям, положительно влияя на весь мир, в результате чего достигнет изначально предуготовленного для него уровня «образа и подобия Бога».

Человеку следует выражать свою любовь к Всевышнему своими действиями и речью, способностями дарованными именно для этих целей.[149]

Каким образом?

Желанное Всевышним служение человека можно, условно, разделить на две составляющие: первая направлена во внутрь сознания самого человека, а вторая – в сторону Всевышнего.

Важнейшим элементом внутреннего служения должно стать желание, проистекающее из любви к Творцу, приблизиться к Нему через признание и постижение Его величия. И это должно соединиться со страхом и трепетом перед Его превознесенностью. Отсюда может возникнуть желание исправить свои черты характера, привычки и поступки. Соединение в себе любви и трепета перед Творцом открывает

сказано [*Зхария* 8:16]: «Честно и справедливо судите ради мира между вами в ваших вратах».

[149] Эта идея выражена в традиционной еврейской литургии, в молитве *Нишмат коль хай* («Душа всякой живой плоти»): «Поэтому, все органы, которые Ты установил нам, дух жизни и душа, которую Ты вдохнул в наши ноздри и язык, который Ты поместил в наши уста – все они будут благодарить, благословлять, восхвалять и славить, превозносить и почитать, освящать и провозглашать единство Имени Твоего, Царя нашего».

путь обретения возвышенных уровней мудрости и праведности.

Служение, направленное на Всевышнего, мы видим в человеке, который прилагает усилия, чтобы исправить себя, раскрыть в себе «образ и подобие Бога», посредством своих поступков и речи. Он всячески старается не опуститься до уровня животного, не совершать бездумные поступки и контролировать свою речь. Прилагая усилия, он исправляет себя и опосредованно влияет на окружающих. В этом и состоит желанный [в глазах Всевышнего] путь исправления человека и мира. И не следует полагать, что усилия, направленные на самосовершенствование, незначительны в качестве служения Творцу.

Таким образом, истинная любовь к Всевышнему измеряется поступками и служением, которые человек делает исключительно из любви к Создателю – ведь истинно любящий будет делать то, что необходимо тому, кого он любит. (Служение посредством речи – это молитва, о которой пойдет речь в Четвертых Вратах). Истинный же трепет пред Господом – это отказ от дурных поступков и разговоров, которые противоречат Его воле.[150]

По аналогии, истинно любящий друг будет стараться говорить и делать лишь то, что приятно и нужно его товарищу и воздержится от поступков и слов, которые могут причинить тому страдание или расстроить.

Еще одним предметом для размышлений о том, каким образом следует служить Всевышнему, должны стать

---

[150] Рабби Шнеур Залман из Ляд (Алтер Ребе), *Тания*, Часть 1, гл. 4.

наблюдения за окружающим миром, включая и поведение животных. Важный урок в этой области преподал нам благословенной памяти мудрец Рабби Йеѓуда сын Теймы, который говорил: «Будь дерзок, как тигр, стремителен, как орел, быстр, как олень, и могуч, как лев, исполняя волю Отца твоего Небесного».[151]

Как это следует понимать?

Тигр бывает дерзким, чтобы выжить; подобно тигру, когда того требует ситуация, человек должен проявлять дерзость и настойчивость. Когда? Если речь идет об исполнении воли Небесного Отца! И ни в коем случае не нужно стыдиться насмешников, порицающих его службу Творцу, несмотря на то, что стыд в основном положительное качество, а дерзость в большинстве случаев – качество отрицательное. Как бы то ни было, для добрых, праведных дел человеку следует перенять природное качество тигра, данное ему Всевышним; он должен походить на тигра в своем стремлении служить Всевышнему.

Примером легкости и стремительности служит для человека орел, который в своем стремлении добыть пищу развивает колоссальную скорость. Так же и человек должен быть молниеносен, он должен стремительно передвигаться с одного места на другое, переходить из одной ситуации в другую в своем стремлении к добру и правильному выбору, и напротив, стремительно уходить из недостойных мест и ситуаций. Человек не должен лениться, думая, что, попав в ту или иную ситуацию, нужно оставаться в ней, не предпринимая каких-либо попыток; он должен, подобно орлу, молниеносно устремиться в верном направлении.

---

[151] Мишна *Авот* 5:20. Продолжение данной главы основано на «*Тур Орах Хаим*» 10:1.

При этом очень важно помнить, что необходимо стараться обращать взор только на хорошее. В буквальном смысле следует оберегать свой взор от нескромных картин и наблюдения за греховными деяниями, как в ближайшем окружении, так и в той части мира, которая попадает к нам через средства массовой информации – телевидение, Интернет, газеты и журналы и пр. Но также и свой духовный взор следует оберегать от всего дурного вокруг, а стараться обращать внимание лишь на хорошие стороны в каждой ситуации и, в особенности, в каждом человеке, и судить о каждом в лучшую сторону.[152]

Бегущий, как олень – качество проворности и быстроты для добрых дел и устранения от проступков. Как только человек понимает, что может сделать хорошее дело, он немедленно должен это исполнить, не теряя время, как сказал мудрец Бен Аззай: «Беги совершить [даже] легкую заповедь (повеление или доброе дело) и устраняйся от совершения проступка, поскольку одна заповедь ведет к другой заповеди, а один проступок ведет к другому проступку»[153] и также говорил мудрец Гилель: «Не говори: «Поучусь, когда будет свободное время» – ведь может статься, что свободного времени и не будет».[154] Человек должен постараться выработать в себе привычку бежать и стремиться к совершению добрых дел до их полного исполнения, пока это не станет второй натурой, как сказано «и ноги твои к добру устремятся».

---

[152] Относясь к другому положительно в своих мыслях, а в особенности, в своей речи, мы помогаем ему преодолеть силу дурного влечения и усиливаем заложенные в нем добрые качества. Также верно и обратное, Боже упаси.

[153] Мишна *Авот* 4:2.

[154] Там же 2:4.

Сильный, как лев... Основной источник силы находится в сердце. Подобно тому, как лев не страшится никого из созданий, так же человек не должен пугаться кого-либо: ни своего злого начала, ни его доводов, ни чего-либо другого. Но это возможно лишь в том случае, когда он знает, что именно просит от него Всевышний, благословенно Его Имя.

Рабби Элиэзер (отец Рабби Исроэля Баал Шем Това), благословенной памяти, такое напутствие дал своему малолетнему сыну: «Сын мой, Исроэль, ничего и никого не бойся в мире, только одного Бога Всесильного бойся».[155]

Из приведенных выше примеров видно как Всевышний в своей великой мудрости позаботился о том, чтобы человек, всматриваясь в окружающий мир, смог разобраться в самом себе и желанных Ему путях служения. Следуя важнейшему принципу Торы «из позитивного можем понять негативное», мы также сможем увидеть в определенных животных свойства и качества, от которых следует избавляться, которые несовместимы с возвышенным уровнем человека по отношению к животному миру. Постигая и изучая эти качества, человек сможет найти в этом важные уроки как для себя самого, так и для общества в целом.

---

[155] См. *Свет и огонь Баал Шем Това*.

Глава 2

Изучение семи заповедей Потомков Ноаха и уроки ТаНаХа

Если для понимания того, в чем состоит служение Всевышнему, человеку необходимо разобраться в окружающем его мире, со всеми многочисленными деталями и аспектами, изучить природу различных творений, чтобы усовершенствовать свое служение Творцу (как объяснялось выше), то тем более человек обязан изучить четкие повеления Господа, переданные ему. Каждый должен четко понять из них, что он должен делать, а что ему запрещено делать, и как улучшить качества своего характера.

Так учит великий учитель Рамбам: «Несмотря на то, что все повеления Торы – это Постановления [Бога], следует вдуматься в них, изучить их. И всему, чему ты можешь придать смысл – придай смысл... Ведь большинство пунктов Закона Торы – не что иное, как советы издалека от Великого Советчика, как исправить личные качества, выправить все поступки».[156]

Приведу на страницах этой книги лишь некоторые свои воззрения относительно семи заповедей для Потомков Ноаха, а также касательно того, каким образом необходимо действовать каждому человеку, чтобы исправить неверные суждения и качества и сделать выбор в пользу правильных поступков. Однако ни в коем случае не следует читателю думать, что приведенные мною воззрения являются

---

[156] Рамбам, *Мишне Тора, Законы о замене жертвенных животных*, 4:13.

исчерпывающим объяснением заповедей, и что более нет ничего, что можно из них выучить, упаси Всевышний! Мною приведены лишь основные моменты, соответственно моему пониманию, основанному на изучении этих вопросов. Мудрому следует прочитать, а затем постараться углубить понимание каждой заповеди посредством дополнительных занятий.

Самым первым и важным для нас должно стать признание самого факта передачи Творцом сотворенному Им человеку Своих повелений. Это приведет к осознанию, что у Творца есть четкая цель мироздания и что мир, в конечном итоге, будет приведен к совершенству, согласно замыслу Создателя. И что для осуществления этой грандиозной задачи Он выбрал человека, который способен осуществить Его замысел через свои деяния.

Повеления в целом должны научить нас, что человек способен совершать хорошие поступки, исправляя себя и окружающий мир. Ни в коем случае не следует думать, подобно многим глупцам, что у человека нет иной цели в жизни, кроме как «наслаждаться моментом», и нет никакой возможности приобрести вечные непреходящие ценности. Таким же заблуждением является взгляд, что нет свободы выбора, судьба предрешена и нет никакого смысла что-то делать, будто человек подобен безвольной кукле в руках Творца.

Тем более не следует человеку думать, что от природы своей он злодей, и невозможно совершенно никаким способом исправить его в лучшую сторону. Напротив, человеку следует знать и верить всегда и при любых обстоятельствах, что если Всевышний дал ему заповеди и ожидает добрых поступков, значит Он, Святой, благословенно Его Имя, дал этому человеку силы и способности совершать эти добрые поступки.

Рассмотрим же далее повеления Творца, данные всему человечеству, осмысленное исполнение которых поможет исправить природные качества и повысить восприятие духовности.

1. Запрет идолопоклонства. Как объясняется в книге *«Божественный кодекс»* (Часть I, ч. 1, п. 1:5), данное повеление включает в себя обязанность твердо знать и признавать существование Всевышнего. Поскольку заповедь эта первейшая и важнейшая, призванная заложить фундамент отношений между человеком и Творцом, и является основой для всех остальных заповедей, то из нее следует черпать советы и основы **ко всем** сферам жизни.

(а) Данная заповедь являет собой Истину всех остальных заповедей. Истина эта заключается в том, что **Бог желает человеку добра**! Спрашивается, какая разница Всевышнему, благословенно Его Имя, что думают о Нем люди, думают ли они, что Он существует, и что Он Один, или, упаси Бог, думают по-другому?! Человек может также занять следующую позицию: «Если я не приму существование Творца, то не будет и необходимости соблюдать какие бы то ни было повеления – ведь я не верю в то, что есть некая Высшая Власть, установившая эти повеления». Но такие мысли несостоятельны, поскольку логика обязывает признать существование Единого Творца, управляющего мирозданием, который Своей бесконечной силой творит все сущее каждое мгновение. Поэтому в любом случае человеку следует принять волю Творца и Его директивы. **Но, тем не менее,** остается актуальным вопрос: **Для чего Бог *специально* повелел верить в Его существование и запретил служить идолам, выделив это в конкретную *заповедь* для всего человечества?** Бог сделал именно так, чтобы одарить тем самым человека и вменить ему в заслугу исполнение этого повеления, будучи *обязанным*[157] Творцом верить в Него и отвергать любые идеи о существовании каких бы то ни было иных богов. Из этого мы учим, что действия Творца можно сравнить с деяниями любящего отца, который наставляет своего ребенка на пути, которые помогут ему обрести совершенство и исправить то, что должно быть исправлено, точно зная, что это будет во благо ребенку – ведь именно таково истинное желание любого отца. Вот для чего Всевышний передал человеку заповедь о вере в Единого Господа: «Будь со Мной всегда и везде, во всех твоих мыслях и поступках, а Я буду находиться с тобой, если ты захочешь этого и будешь достоин. Поэтому очисти помыслы и деяния свои от всех идолов и прочих божеств, соединись с Истиной, гласящей, что Я – твой Бог, и Я всегда с тобой». Если бы, упаси Всевышний, Создатель не был бы нам любящим Отцом, то Он был бы подобен господину, отдающему приказания своему рабу, причем не важно, согласен и рад ли раб выполнять Его приказания или нет. Напротив, хотя Творец и желает, чтобы человек признал над собой Власть Небес и стал Его служителем, Он также хочет, чтобы человек стал совершенен, возвысился и очистился, чтобы *для своего же блага* соединился со своим Создателем, ибо именно это и есть предельное Добро.

---

[157] Совершая поступок по обязанности, человек обретает совсем иной уровень связи с тем, кто дал ему повеление, по сравнению с тем, кто совершает деяние по каким-то иным причинам и мотивам. Эта идея объясняется, в частности, в книге *Га-йом йом*, на 8 Хешвана.

(б) В главе 3 раздела «Врата познания» мы уже разъяснили, в чем состоит запрет идолопоклонства, выделения неких посредников между человеком и Всевышним (на иврите – *шитуф)*.

(в) Во всех своих деяниях человеку следует думать и проверять, как этот поступок в дальнейшем сможет соединить его с Творцом. Ему не следует считать, что в мире есть какое-либо «пустое», нейтральное действие, которое не относится ни к добру, ни ко злу. Если же человек внимательно всмотрится в свои поступки, то станет открытым ему, что все поступки относятся либо к добру и чему-то конструктивному, либо же, Боже упаси, ко злу и имеет деструктивные последствия. Отсюда следует понять, насколько важно всякое совершаемое действие! И пусть это понимание научит нас не слушать голоса дурного начала, кричащего, что, мол, действие это мало и незначительно, и что от него не зависит ровным счетом ничего.

2. Запрет проклинать Творца. Логично предположить, что эта заповедь является следствием запрета служить идолам. Ведь идолопоклонство – это отделение от Бога и отрицание верховенства Его власти. И нет большего отрицания Его власти, чем богохульство.[158] Тогда почему же этот запрет дан как отдельное повеление?

Урок, который мы отсюда учим, связан с необычайной силой речи. Человек отличается и выделен из всех творений не только дарованными ему свободой выбора и силой интеллекта, но также силой влияния его речи. Взгляд, что слетевшие с уст слова не имеют совершенно

---

[158] Это ясно сказано у Рамбама в *Мишне Тора, Запрет поклонения идолам* 2:6.

никакого значения, является ошибочным. Сила речи – особый дар, которым Творец наделил человека, и следует использовать его исключительно в добрых целях, а не во зло кому-либо. И нет большего неуважения, чем использовать этот великий дар против Того, Кто даровал его. Всевышний запрещает также говорить дурно о других людях! «Не проклинай другого – каждый сотворен по образу и подобию Господа, и проклинающий другого как будто, проклинает Бога, который его создал».

В Талмуде рассказывается: «Однажды рабби Элиэзер, сын рабби Шимона ехал по дороге, и повстречался ему некий человек, который был чрезвычайно уродлив. Сказал ему рабби: «Вот так урод! Неужели все жители твоего города столь же безобразны как и ты?» Ответил ему тот: «А ты ступай и скажи Гончару, создавшему меня: сколь безобразен сосуд, который Ты вылепил!» Осознав, какой ужасный проступок он совершил, рабби Элиэзер спрыгнул с осла, упал ниц перед этим прохожим и стал просить у него прощения. Но тот сказал: «Ты не получишь от меня прощения, пока не предстанешь пред Гончаром, Который вылепил меня, и не скажешь: «Как уродлив сосуд, который Ты вылепил». Рабби Элиэзер продолжал идти вслед за этим человеком, пока не дошли они до города. Жители вышли поприветствовать великого мудреца, говоря: «Да пребудет с тобой мир, о наш Учитель». Тот прохожий спросил: «О ком это вы говорите?» Они ответили: «О том, кто идет за тобой». Тогда сказал им: «Если он Учитель, то пусть будет меньше таких среди сынов Израиля». Они удивленно спросили: «Почему ты так говоришь?» Тогда он рассказал им о своем диалоге с рабби Элиэзером. Жители стали умолять: «Пожалуйста, прости его, он великий мудрец и достиг необыкновенных высот в Торе».

«Хорошо, ради вас я готов простить, но лишь при условии, что он не будет так больше поступать» – сказал прохожий. После этого рабби Элиезер вошел в Дом Учения и стал учить: «Следует человеку быть всегда гибким, как тростник, и не быть жестким, как кедр».[159]

3. Запрет убийства. Из этого запрета мы учим, насколько дорога жизнь человека, насколько высоко его достоинство. Данный запрет не ограничивается только лишением человека жизни. Его детали также относятся и к причинению любого телесного вреда другому человеку и самому себе. Положительный аспект данного повеления призывает нас спасать и помогать другим людям избежать причинения им вреда, в силу наших возможностей. Отсюда также вытекает обязанность осуществлять благотворительность и помогать нуждающимся.

К запрету кровопролития также относится причинение морального вреда, в результате которого лицо другого человека может побелеть или покраснеть от причиненного ему морального страдания или стыда. Также запрещено злословие в адрес других людей. К подобного рода речам относятся пустая болтовня, сплетни, насмешки и клевета, которые могут опорочить доброе имя человека. Мудрецы учат нас, что злословие приравнивается сразу к трем смертным грехам: идолопоклонству, прелюбодеянию и убийству.[160] В Мишне сказано: «Адам был создан единственным ради мира между людьми; чтобы не говорил один человек другому: «Мой отец больше твоего»; также чтобы выразить величие Пресвятого, ибо человек чеканит много монет одним чеканом

---

[159] Вавилонский талмуд, *Таанит* 20а.
[160] *Арахин* 15б.

и все они похожи друг на друга, а Царь над царями создал всех людей по образу Адама, но ни один из них не похож на другого, чтобы каждый мог сказать, как сказал первый человек Адам: «Ради меня создан мир»; и из этого мы должны выучить, что тот, кто уничтожил одну душу – как будто уничтожил целый мир, а тот, кто спас одну душу – как будто спас целый мир».[161]

4. Запрет прелюбодеяния. Сила создавать новую жизнь, которой Бог наделил человека – чудесная сила. Посредством этой силы человек становится партнером Всевышнего, создавая вместе с Ним нового человека, несущего в себе «образ и подобие Бога», что принципиально отличает его от всех созданий этого мира. Всякая ценная, дорогая вещь требует защиты и правильного отношения к ней, и чем дороже вещь, тем более тщательно нужно беречь ее от неправильного обращения с ней. Из этого мы учим важность оберегать самих себя от запрещенных интимных связей.

Подобно тому, как почтенный человек, уважая себя и не пренебрегая своим достоинством, не будет бегать голышом, перепачканный уличной пылью и грязью по городу, так и любому человеку следует уважать силы, данные ему Свыше и использовать их строго по назначению, в соответствии с повелениями Того, Кто нам их даровал. В особенности это относится к силе интимных отношений, целью которых является сближение мужа и жены и направленных на создание крепкой и здоровой семьи и рождение потомства.

---

[161] *Сангедрин* 37а.

Человек должен научиться пользоваться этими силами таким образом, чтобы это соответствовало цели ради которой они были ему дарованы. А если он использует их иначе, то тем он оскверняет не только самого себя, но и Мастера, Который его создал, пачкая творение, созданное Богом.

В этом кроется основная причина того, что мы видим такое количество людей, которые сходят с ума, теряя собственное достоинство и утрачивая человеческое лицо – дар Всевышнего; они совершенно не осведомлены, насколько важно беречь и уважать эту чудесную силу деторождения, дарованную им Творцом; подобно человеку, который сходит с ума от изобилия золота или избытка почета и славы, не зная как этим разумно распорядиться... Подобное происходит и с человеком, который превращается в животное, устремляющееся по зову своей похоти, вместо того, чтобы контролировать свои страсти и поставить их на служению Творцу, благословенно Имя Его.

5. Запрет воровства. Человек должен четко понять следующее: Бог дает каждому человеку ровно столько, сколько ему требуется в данный момент. И хотя иногда человеку трудно свыкнуться с этой мыслью, он должен усвоить, что в этом заключается истинное благо для него. Ему не следует завидовать чужим успехам или богатству, а стоит сфокусировать свое внимание и силы на том, чтобы реализовать свой собственный потенциал, заложенный в него Всевышним.

Вдумавшись в это, человек сможет глубже постичь Божественное Провидение определяющее, в частности, и материальное положение каждого человека. И весьма полезно будет усиливать свою веру и упование в то, что Всевышний не оставит его без средств к существованию и обеспечит его потребности.

Далее мы приведем отрывок из книги *«Божественный кодекс»*, Часть VII, Вступление:

Запрет воровства уникален тем, что он касается почти всех сторон личной жизни каждого человека, поскольку ежедневно мы участвуем в различных торговых сделках, что-то продаем, покупаем, обмениваемся и т.п. Основная идея этого повеления в том, чтобы человек научился уважать другого человека, его потребности и имущество, как свое собственное. Мудрецы учат нас:[162] «Рабби Йоси говорил: «Пусть деньги твоего ближнего будут так же дороги для тебя, как твои собственные». Воровство разрушает основы общества и ведет к нестабильности.

Чтобы справедливо принимать других, видеть их равными себе, человеку нужно научиться уважать их и их собственность, а это требует позитивного настроя по отношению к другим. Это должно прийти из осознания, что ты сам, также как и любой другой человек, сотворены Единым Богом для осуществления совместных целей и задач. Поэтому нет никого, кто бы мог неоспоримо заявить, что его потребности важнее потребностей другого. Поэтому соблюдение этого повеления позволяет человеку постоянно осознавать над собой присутствие Всесильного, который неустанно следит и направляет Свое творение посредством

---

[162] *Пиркей Авот* 2:12.

Провидения, дабы человек и все общество в целом реализовали Его замысел.

Еще одним важным элементом этого повеления является осознание того, что быть честным и справедливым важно не только для целей поддержания справедливого общества, но это также важно и во благо самому себе. Будучи честным с самим собой, человек будет способен выявить свои способности, обязанности и потребности. Единственным наилучшим способом реализовать свои способности в своей личной жизни можно лишь путем служения Богу, исполняя данные тебе повеления Творца и выбрав образ жизни, соответствующий Его воле. Но для того, чтобы Всевышний смог излить свое благословение на создание и поддержание такого образа жизни, человек должен создать «сосуд». И таким сосудом должна стать приверженность путям истины, честности и справедливости.

6. Повеление установить справедливые законы и суды. Людям следует осознать, что Всевышний желает, чтобы люди установили в своей среде справедливое общество, основанное на том, что люди будут самостоятельно определять что справедливо, а что нет. Все люди являются партнерами в создании справедливого общества и моральных установок. Таким образом, это является обязанностью всем тем, кто обладает влиянием на других, как, например, родители, воспитывающие своих детей или же люди, наделенные властными полномочиями.

Есть еще один важный урок, который следует извлечь из изучения данного повеления. Возможно, что человек может задаться таким вопросом: «Если в мире творится зло, а Бог, зная это, ничего не предпринимает к предотвращению этого, значит, мне и подавно не следует в это вмешиваться, нарушая (как будто) решение Небес!».

Ответ в том, что Всевышний, желая исправления человека и всего творения, специально заложил в нем [в Творении] возможность существования, так называемого зла, чтобы человек своими усилиями исправил этот дефект и привел самого себя и весь мир к совершенству. И если человек вдруг сталкивается с таким несоответствием, которое может быть им исправлено, ему не следует считать, что об этом позаботится сам Бог или какой-то другой человек. Но коль скоро Божественное Провидение поставило человека в такую ситуацию, то человеку, очевидно, следует взяться за исправление этого изъяна самому или с помощью других людей.

7. Запрет есть мясо, отделенное от живого животного: Эта заповедь учит человека не быть жестоким по отношению к животным и к другим созданиям. И, несмотря на то, что Всевышний наделил человека властью над животным миром, Он дал ее только с определенной целью, чтобы животные приносили человеку пользу, но никак не для того чтобы человек мог причинять им бессмысленные страдания или проявлять к ним жестокость. (И хотя данный запрет относится в первую очередь к животным, но из него мы можем выучить и куда более важный запрет – не проявлять жестокость по отношению к другим людям, особенно теми, кто возымел власть и влияние над другими людьми).

Из того, что Всевышний беспокоится о причинении страдания животным, мы можем выучить, что Он желает установления на Земле порядка и исправления всех творений, помещенных в наш мир. Животные даны нам для употребления в пищу и для помощи в других сферах нашей жизни, но никак не для того, чтобы мы проявляли к ним жестокость. Весь животный и растительный миры, а также природные богатства имеют ценность в глазах Творца. Поэтому, очевидно, бездумное отношение к этим вещам является пренебрежением Божественного благословения данного человеку, поскольку все сотворенное Им и переданное для пользования человеку, несомненно, имеет свое предназначение. Поэтому ничего не должно быть бессмысленно выброшено или уничтожено.

ТаНаХ: Благочестивым потомкам Ноаха рекомендуется изучать ТаНаХ, поскольку это раскрытое через великих пророков слово Живого Бога, переданное нам через Божественное Откровение. ТаНаХ включает в себя Пятикнижие Моше, книги Пророков и Святые Писания (на Иврите: *Тора, Невиим, Ктувим*). Эти книги полны Божественной мудрости и уроков благочестивого поведения, а также множества пророчеств, предназначенных для всех людей на Земле.

Разделы Танаха, которые следует изучать потомкам Ноаха не ограничены лишь теми, которые относятся непосредственно к Семи Заповедям. Можно изучать даже те разделы, в которых говорится о запрещенных для исполнения потомками Ноаха заповедях, не говоря уже о тех, которые разрешены к исполнению по собственному желанию (осознавая при этом, что исполняешь их не как Божественное повеление[163]) – для

---

[163] Как объясняется в книге *Божественный кодекс*, часть 1, гл.3, запрещено для потомков Ноаха исполнять что-либо, как Божественное повеление, кроме данных Творцом 7 заповедей.

того, чтобы вынести из этого изучения важные уроки, как обрести любовь и трепет перед Творцом и как вести себя праведно по отношению к другим людям.

К примеру: евреи обязаны выделять седьмой день недели (Шаббат) и соблюдать ограничения в этот день, связанные с определенными физическими действиями. И хотя для неевреев запрещено соблюдать Шаббат так как его соблюдают евреи, но есть в этом важнейший урок, который важен для всех.

Наличие в неделе дня Шабата учит нас тому, что в творении существует порядок и цель; Всевышний сотворил вселенную и все аспекты нашего мира за шесть дней и затем отстранился от продолжения этого процесса созидания в седьмой день. В отличие от человека, который устает от проделанной им работы и нуждается в отдыхе, Бог, очевидно, не может устать. И тогда, как же нам следует понимать Его слова о Самом Себе, где Он говорит, что стал *отдыхать*?

Этим Он пытается сказать нам, что есть порядок и цель в Творении и ничего не происходит случайно, бесцельно. О каждом из шести дней творения написано: «И увидел Бог, что это хорошо». Но когда Бог достиг точки, когда Он, так сказать, завершил процесс творения и как бы отстранился от созидания, окинув взглядом все сотворенное, то в этот момент Он оценил насколько хорошо и в соответствии с замыслом получилось Творение в целом. И оно было, естественно, в совершенстве, поскольку Сам Творец совершенен, но в этом есть также вневременной урок для нас.

Шаббат был днем, когда Всевышний дал свое заключение: «Бог увидел *все*, что Он создал, и было это *хорошо очень*».[164] (Испытание Адама и Хавы, их промах и все последующие за этим события – все случилось на исходе шестого дня творения. Поэтому фразой, приведенной выше, Тора свидетельствует, что и эти события включены в постановление Творца «очень хорошо», которое относилось ко всему сотворенному и произошедшему. Отсюда мы учим, что *все* деяния Творца осуществляются с намерением и в соответствии с Его замыслом. Об этом сказано:[165] «Ибо, как дождь и снег нисходит с неба и туда не возвращается, а поит землю, и оплодотворяет ее, и делает ее производящей, и дает семя сеющему, и хлеб тому, кто ест, таково будет слово Мое, которое исходит из уст Моих – не возвратится оно ко Мне пустым, ибо сделает то, чего желал Я, и преуспеет в том, для чего Я послал его».

Подобно этому, следует человеку всегда хорошенько все обдумать, прежде чем совершить поступок, спросить самого себя, для чего и ради чего, собирается он совершить, то или иное действие, и периодически оценивать свои поступки, проверяя, ведут ли они к добру, а если нет, то как можно исправить содеянное.

По этой же причине в идее Шабата сокрыт источник раскаяния. Поскольку прийти к раскаянию возможно лишь тогда, когда человек выберет время, чтобы объективно и честно всмотреться в совершенные им деяния и проверить на соответствие и качество результаты, порожденные ими.

---

[164] *Берешит* 1:31.
[165] *Йешаяѓу* 55:10-11.

Истории Танаха также учат нас правильному поведению, как нам следует поступать, а как нет. В частности книга Берешит традиционно называется *Сефер а-Йашар* или Книга Прямых. Когда человек старается постигать мудрость Танаха в соответствии с истинным пониманием (с помощью комментария РаШИ, например), то можно сказать обо всем написанном в книгах Танаха как о «советах издалека от Великого Советчика, как исправить личные качества, выправить все поступки».[166]

---

[166] Рамбам, *Мишне Тора, Законы замены жертвенных животных* 4:13.

Глава 3

Ценность поступка, намерения и радости в служении Всевышнему

Универсальный принцип заключается в том, что любое доброе деяние, совершенное без позитивного внутреннего намерения, лишено жизненности и подобно пустой оболочке. Именно об этом учили нас мудрецы, говоря, что «молитва без намерения подобна телу без души».[167] Подобное же справедливо и к другим хорошим делам; если совершаются они без должного намерения, то считаются безжизненными. В чем же заключается важность этой идеи в Божественном служении потомков Ноаха?

Большинство заповедей для потомков Ноаха – запрещающие (не совершать то или иное деяние), за исключением одной предписывающей (совершить что-либо): установить справедливую судебную систему.[168] Это явно отличается от Законов, установленных для евреев, среди которых есть множество повелевающих предписаний. Более того, единственное повеление для потомков Ноаха в установлении

---

[167] Рабби Йешая бар Авраам ѓа-Леви Гурвиц. (*Шней Лухот А-Брит*) Для сынов Израиля, поскольку Всевышний повелел им совершать молитву регулярно в течение дня, возможно, самым важным элементом является само совершаемое *действие*, т. е. молитва (даже отсутствие соответствующего намерения во время произнесения не делает саму молитву неполноценной). Но для Потомков Ноаха, в силу того, что нет специального повеления Творца совершать молитву, само *действие*, произнесение молитвы, не является ключевым. Более важным элементом будет являться соответствующее намерение, которое вкладывается в произносимые слова.

[168] См. комментарий Рамбана к *Берешит* 34:13 и *Мишне Тора, Законы о царях* 9:14.

судов не предписывает совершить какое-то конкретное физического действие, а лишь говорит в общем о создании справедливого общества и правовой системы, ограничивающей вредные и неправильные поступки членов этого общества. Это скорее некая социальная норма, чем призыв совершать конкретные действия по выполнению обязательств (хотя и в этом «нормативном» повелении есть ряд вытекающих из него конкретных действий, как, например, обеспечить детей хорошим образованием и пр.) В общем, Божественные Законы для потомков Ноаха не включают в себя повеления, как у еврейского народа, обязывающие их совершать какое-либо действие (в котором само обязательство включает определенные указания, как, например, ношение цицит, наложение тфилин или трубление в шофар, и т.п.).

Народ Израиля у горы Синай был освящен Всевышним этими самыми предписаниями (Его повелевающими Заповедями (*мицвот*) Торы), и Он высоко ценит, когда они совершаются евреями – теми, кому они были заповеданы. Поэтому, когда еврей совершает такой поступок в точном соответствии со всеми деталями, переданными через Устную Традицию, то само это деяние имеет невероятную ценность, поскольку является выполнением воли Всевышнего, даже вне зависимости от внутреннего намерения. (Хотя, нужно сказать, что и для еврея отсутствие должного намерения при выполнении *мицвы* серьезно снижает *качество* действия).

В отличие от этого, поступки и деяния потомков Ноаха оцениваются Творцом в большинстве своем (на самом деле, практически полностью) в зависимости от вложенного в поступок намерения, нежели поступок сам по себе.[169] Поэтому

---

[169] Вавилонский Талмуд, Трактаты *Рош а-Шана* 4а и *Бава Батра* 10б.

в большинстве случаев, когда поступок совершается без намерения вовсе или с неправильным намерением, то он не имеет положительной духовной ценности. Поскольку большинство обязательств Кодекса потомков Ноаха имеют логическую и моральную основу, и сами поступки оцениваются на основе логики и морали, вкладываемых в совершаемое деяние. Если намерение правильное, то и сам поступок оценивается Творцом как правильный, и наоборот.

(Основным и важным исключением из вышеизложенного является повеление совершать благотворительность и добрые поступки. Причина кроется в том, что основная ценность этих поступков в том, что выгоду извлекает тот, кому оказывается благотворительность или для кого было совершено доброе дело).[170]

Ни сами деяния потомков Ноаха, ни их результаты не несут в себе святость. Их ценность в глазах Творца определяется тем намерением, которое человек вложил в свое действие – будь то желание прославить Всевышнего или желание принести пользу другому человеку или самому себе, либо желание достичь какой-либо иной благой цели. Несмотря на все это, необходимо стараться выработать в себе привычку совершать правильные и хорошие поступки. Даже если сам поступок был совершен механически, как результат привычки делать добро, то он от этого не перестает быть добром! Ведь совершивший его в целом устремлен к путям мира и добра, даже если в

---

[170] В соответствии с меньшинством авторитетных мнений, Всевышний дал потомкам Ноаха повеление оказывать благотворительность как *мицву*, в дополнение к Семи Заповедям. Список ссылок на соответствующие обсуждения в Талмуде можно посмотреть в книге *To Perfect the World*, part IV, ch.8 (pub. SIE).

данный конкретный момент его мысли не были направлены на осознанное совершение доброго дела.

Способом избежать совершения поступков без должного ощущения и намерения может стать регулярное, или как можно более частое применение следующей практики: сделайте усилие, чтобы быть бдительным к открывающимся для вас возможностям совершить добрый поступок и постоянно тщательно проверяйте свои действия, чтобы удостовериться в чистоте и правильности стоящих за ними намерений. Таким образом можно будет достичь цельности в действиях, эмоциях и мыслях. И вся внутренняя сущность станет единой с совершаемыми человеком добрыми делами, к которым он стремится, в максимально возможной степени.

Такая цельность личности и единение сил души смогут поднять человека на более высокий духовный уровень, к ощущению радости от служения Всевышнему.[171]

Таков универсальный принцип: в том момент, когда человек испытывает радость, он внутренне объединяется с ситуацией. (Например: человек занимается какой-то неинтересной для него работой, которая мало его беспокоит и не приносит радости, и вдруг неожиданно он получает очень хорошую новость. Тогда он временно позабудет о той работе или деле, которым занимался без особой радости, а сконцентрирует свое внимание, как бы «сольется» с этим хорошим известием. И чем дольше он сохранит такое единство, тем дольше продлится состояние радости). Верно и обратное. В состоянии грусти и печали его сердце и мысли не соединяются с тем, чем занято его внимание.

---

[171] В этом должна состоять цель человека, как сказано (*Теѓилим* 100:2): «Служите Богу с радостью».

Поэтому даже при совершении по-настоящему праведных и правильных дел в служении Богу, полностью посвящая себя этому, можно вовсе не испытывать радости. Когда же он осознает во всей ясности и полноте, что эти деяния совершаются для его же блага, тогда он обретет ощущение личной сопричастности, результатом чего станет возрастающее ощущение радости.

Подобного результата можно достичь также и другим способом. Когда человек приучит себя совершать добрые поступки и вести себя правильно с чувством радости, то эта радость поможет ему достичь единения внутренних сил на путях служения Святому, благословенно Имя Его. И такова высшая природа человека: способность обретения привычки вершить добро и вести праведный образ жизни, пока человек не обретет на этих путях цельность и внутреннюю гармонию, и тогда его привычки станут второй натурой.

Раздел 4

Врата молитвы

Глава 1

Служение молитвой

Молитва – это служение Всевышнему посредством души. Через молитву Богу человек соединяет свою речь, свои просьбы и искренние мольбы со Всесильным, благословенно Имя Его. Ведь Бог дает каждому человеку его способности и удовлетворяет его потребности, и молитва помогает человеку укрепиться на путях исправления своей веры и образа жизни.

Основным элементом молитвы является *служение* сердца. Это относится к внутреннему *намерению*, порожденному мыслями и эмоциями, которое мотивируют человека совершить молитву. Объясняя стих: «служите Ему всем своим сердцем»,[172] мудрецы говорят: «Что это за служение сердца? Это молитва».[173]

Первоосновой молитвы является потребность человека выразить свое признание Единого Бога, Управляющего миром, внимательно следящего за всеми деталями и частностями созданного Им творения. Из этого следует необходимость каждому человеку просить Творца об удовлетворении всех его жизненных потребностей, благодарить Бога за Его доброту и благословения, которыми

---

[172] *Дварим* 11:13.

[173] Рамбам, *Мишне Тора, Законы молитвы* 1:1.

Он одаривает нас, и стараться воодушевленно восхвалять Его, в меру своих способностей.

В отличие от евреев, у потомков Ноаха нет установленного порядка молитвенной службы, литургии (на иврите *нусах*), которой они должны следовать. Вместо этого можно молиться своими словами на понятном языке. Будет правильно воспользоваться для этого также Книгой Теѓилим, составленной Царем Давидом, благословенной памяти, поскольку все стихи этой книги являются молитвами Богу, которые были составлены при помощи Духа Святости и охватывают все возможные потребности и весь спектр душевных переживаний. Рекомендованные молитвы для потомков Ноаха представлены в книге *«Божественный кодекс»* (Часть 1, глава 6), а также выпущены отдельным изданием в виде буклета *«Дом молитвы для всех народов»*.

Наиболее правильным будет следующий порядок молитвы: во-первых, следует искренне поблагодарить и восхвалить Творца в меру своих способностей, затем попросить Его о собственных нуждах (или попросить о благословении для кого-то другого, за кого человек хочет помолиться) и завершить также словами благодарения и прославления Творца за все, что Он дает.[174]

Ввиду чрезвычайной важности молитвы, особенно когда человек уже осознал ее великую ценность – что это время, когда мы удостаиваемся уникальной возможности предстать перед Всевышним, поделиться с Ним своими переживаниями и излить душу – человеку следует со всей ясностью и сосредоточенностью представить себя стоящим перед Царем

---

[174] Там же, 1:2.

всех царей и с должным благоговением и тщательностью выбирать слова молитвы.

Перед молитвой следует убедиться, что тело готово к молитве, руки чисты, нет нужды сходить в туалет. Поэтому правильно сначала справить нужду, если есть такое желание, затем омыть руки и лишь после этого приступить к молитве. Фактически всегда следует перед молитвой омывать руки водой (или же хотя бы вытереть их полотенцем или одеждой, когда вода недоступна), вне зависимости от того, посещали перед этим туалет или нет.

Не следует молиться в неподобающем месте – ни в местах скопления отходов или мусора, ни в ванной или туалете, ни в местах с неприятным запахом – и не следует во время молитвы смотреть в сторону таких мест.

Следует выбрать себе постоянное место, предназначенное для молитвенной службы, (даже в своем доме следует выбрать определенное место, где возможно уединиться на время молитвы), и это место должно быть достойным и подобающим. Для вознесения молитвы еще более подходят общественные места, специально для этого выделенные, если они, конечно же, соответствуют критериям Торы. (Если же человек оказался в месте, где совершают службу идолопоклонники, то запрещено там молиться, и следует быть внимательным, чтобы не использовать в своих молитвах сборники текстов, составленных последователями иных религий).

Не следует молиться в неопрятной или разорванной одежде. Если по обычаям данного общества не принято появляться перед важной персоной без обуви, то и молиться следует, обувшись. Как мужчинам, так и женщинам следует прикрывать руки и ноги во время молитвы и вообще стараться одеться как можно более представительно и, конечно же, ни в коем случае не молиться почти или полностью раздетым.[175]

Весьма уместно каждому человеку установить для себя время для молитвы. Однако это не означает, что молиться необходимо «по часам» – ведь молитва зависит от чувств человека и от его возможностей. Есть те, кто испытывают потребность молиться несколько раз в день или ночью, тогда им следует установить время, соответственно велению своего сердца. Иным будет достаточно помолиться лишь один раз в день, а есть и такие, которым тяжело сконцентрироваться на молитве, если она будет произноситься так часто, поэтому их вполне устроит молитва, произносимая раз в неделю. Но путь наибольшего благочестия (если, конечно, удастся настроить себя на это) – выделить конкретное время для молитвы раз в день. Если же не получается установить время ежедневно, можно выделить время для молитвы реже, например, один

---

[175] Все вышеизложенные рекомендации относятся к человеку, который молится в обычной ситуации. Но если же возникает экстренная необходимость срочно помолиться, когда человек болен и немощен, или же оказался в некой нестандартной ситуации, то он может произнести молитву, даже если внешние условия не соответствуют всем описанным критериям, поскольку главным аспектом молитвы потомков Ноаха является внутреннее намерение. Примером исключения из правил, являются места, где принято находиться обнаженным или в местах, предназначенных для справления нужды, поскольку эти места обладают статусом духовной нечистоты. В таких местах нельзя произносить молитвы. Однако если человек, находясь в таком месте, столкнулся с безотлагательной необходимостью обратиться к Творцу, следует помолиться лишь *мысленно,* не произнося слов своими устами. Более детально эта тема рассматривается в книге *Божественный кодекс,* ч. 1, гл. 6:6.

или два раза в неделю. При этом самое подходящее время для такой регулярной молитвы – утро, начало дня.[176]

Предпочтительнее молиться в группе людей, также желающих совершить молитвенную службу Единому Богу, если такая группа доступна (и если, конечно, при коллективной молитве человек не теряет должной концентрации), поскольку коллективные заслуги способствуют принятию Творцом молитвы каждого.[177]

---

[176] Благопристойной практикой считается выделить некоторую сумму денег на благотворительность перед молитвой (см. Вавилонский талмуд. *Бава Батра* 10а). Поступая так, человек удостоится дополнительной заслуги. Ведь истоки Божественного служения через благотворительность восходят еще к Авраѓаму, как сказал о нем Всевышний: «Ведь Я полюбил его за то, что он велит своим сынам и своему дому после него следовать путями Господа, *совершая благотворительность и правосудие...*» Оказывая благотворительность направленную на благие цели (т.е. не запрещенные Торой), человек совершает праведное и хорошее дело, которое соответствует универсальному правилу всегда стараться оказывать помощь нуждающимся, также как и мы обращаем свои молитвы к Творцу с просьбами о Его милости и помощи в решении наших проблем.

[177] В случаях, когда потомки Ноаха решают создать свою общину для встреч и общественных молитв, весьма похвально определить для себя порядок молитвенной службы, руководствуясь при этом советами Ортодоксальных Раввинов. Для подобных целей подойдет выпущенный в свет буклет «*Дом молитвы для всех народов*».

Глава 2

Использование дара речи и сосредоточенность в молитве

Окружающая человека физическая реальность состоит из неживой материи, растительного и животного мира. Тора выделяет еще и четвертый, самый важный уровень существования физической реальности к которому относится человек, получивший название «говорящий» – ибо только людям была дарована Творцом способность говорить и образовывать межличностные связи. Если сказать больше, то эта способность говорить является отражением Божественной реальности, выраженной в способности Всевышнего «говорить», которая проявляет особую связь между нами и Творцом.

Сила речи также способствует соединению в самом человеке концептуальных и практических измерений его бытия. Через молитву человек связывает частички своей души, мысли и желания с внешним уровнем своего бытия, что выражается в физическом действии – речи. Поэтому очень важно, чтобы, молясь, человек произносил слова молитвы, а не ограничивался одними лишь мыслями своего сердца. (См. сноску 175)

Сосредоточенность необходима человеку на этапе подготовки к молитве, чтобы быть готовым сфокусировать свое сознание на Всевышнем, Царе всех царей. Также сосредоточенность необходима и во время самой молитвы, являясь ее важной частью наряду с произнесением слов молитвы. Это означает, что во время молитвы человеку следует сфокусироваться на своих мыслях так, чтобы они слились воедино со словами, с которыми он обращается к Создателю. Такое служение сердца и является основой молитвы, как мы цитировали ранее высказывание мудрецов Талмуда: «Что такое служение сердца? – Это молитва».

Каким образом настроиться на правильный лад, как управлять своими намерениями во время молитвы? Перед молитвой необходимо целенаправленно подумать и ответить себе на следующие вопросы:

1) Пред Кем мы стоим и к Кому собираемся адресовать молитву?
2) О чем мы собираемся молиться, о чем изливать свою душу и сердце?

Не следует приступать к молитве в игривом или легкомысленном настроении, в состоянии раздражения, гнева или агрессии, или совмещать молитву с пустыми праздными разговорами. Перед молитвой следует немного посидеть, успокоиться, сконцентрироваться на том, чему будет посвящена молитва. После этого можно начать возносить молитву Всевышнему. В обычаях праведников прошлых поколений было уделять один час на подготовку к молитве,[178] чтобы сфокусировать сознание на глубинных аспектах души и затем вложить в слова молитвы, наполненные смирением и покорностью, все внутренние силы.

Не следует молиться в нетрезвом состоянии, поскольку при этом невозможно будет сконцентрироваться должным образом. И также не следует приступать к молитве, если сознание наполнено переживаниями и беспокойством – в таком случае молитву следует отложить на другое время.

---

[178] Мишна, *Брахот* 5:1.

На первый взгляд может показаться, что основной причиной или целью молитвы является желание попросить Творца решить проблемы и обеспечить потребности, но истинная причина заключается в том, чтобы соединить посредством молитвы человека с Богом. Безусловно, человек должен просить Творца о своих нуждах, в том числе о пропитании, благосостоянии, здоровье. Однако, основная цель молитвы – постоянное соединение человека со Всевышним, благословенно Его Имя. Поэтому следует просить у Господа, чтобы Он не покидал нас ни на мгновение, всегда был с нами, сопровождал нас, куда бы мы ни держали путь. Молитва – не только средство обращения с просьбами, не только способ достижения желаемого; молитва сама по себе образует связь между человеком и Богом. Посредством молитвы человек разговаривает с Творцом, а Он внемлет мольбам, исходящим от каждого, обеспечивая материальные потребности, а главное – восполняя духовный дефицит. В этом заключается смысл сказанного мудрецами: «Если бы человек молился весь день».[179]

Потребность в постоянной связи со своим Творцом и ощущение Его близости всегда должны занимать важную часть нашего сознания. Из этого также следует, что молитва не должна превращаться в рутину, а всегда быть наполнена сердечным стремлением предстать перед Творцом. Именно об этом сказал Рабби Элиезер: «Тот, кто превращает свою молитву в обыденность – молитва того [не считается должной] мольбой».[180]

---

[179] Там же 21:1.
[180] Там же 4:4.

Поэтому важнейшей составляющей молитвы должно стать осознание молящимся непостижимого величия Всевышнего и реальности Его существования – до такой степени, чтобы это осознание глубоко укоренилось в сердце и проявлялось во всех сферах жизни.

Раздел 5

Врата добродетелей

Глава 1

«Мудрец» и «Праведник» [181]

Каждый человек обладает различными свойствами характера. Каждое свойство отличается и отделено от другого и каждое имеет свою противоположность. В своем предельном выражении каждое свойство может быть определено и описано.

Встречаются люди вспыльчивые, встречаются уравновешенные, которые никогда не злятся, а если и злятся, то происходит это раз в несколько лет. Есть люди горделивые, а есть – наискромнейшие. Один ненасытен по своей природе и прожигает жизнь в поисках все новых гастрономических изысков, а другой – совершенно неприхотливый, который будет довольствоваться тем, что есть, не претендуя даже на необходимые вещи. Кто-то непомерно алчен и не насытится душа его, хоть даже завладеет он всеми деньгами, что есть в мире, как сказано: «Кто любит деньги, тот не насытится деньгами».[182] А иной устанавливает жесткие границы для самого себя и довольствуется малым. И даже если ему чего-то

---

[181] Данная глава основана на главе 1 *Законов о свойствах характера, Мишне Тора*.
[182] *Коэлет* 5:9.

не будет хватать, он не станет обременять себя изысканием способов заработать еще денег, чтобы удовлетворить эти потребности. Один, изнуряя себя голодом, копит деньги, живя впроголодь, принимая пищу только тогда, когда ему становится совсем плохо. Другой же расточает свое богатство. Подобно этому мы можем рассматривать и все прочие качества, например, разгульный и хандрящий, редкостный скупец и беспросветный транжира, жестокий и милосердный, трусливый и отчаянный, и так далее.

Между двумя диаметрально противоположными качествами всегда имеется широкий спектр промежуточных свойств, и темперамент каждого находится в определенной точке на этой шкале, отличая его тем самым от темперамента другого.

Из всех свойств одни являются для того или иного человека врожденными, соответствующими природе его организма, к другим качествам организм тяготеет настолько, что человек приобретет эти качества после рождения скорее, чем другие. В другую группу качеств входят такие, которые абсолютно не являются врожденными, их перенимают или приобретают самостоятельно, в соответствии с возникшим желанием или благодаря дошедшей информации об этом качестве, на основании которой делается вывод, что такое-то качество хорошо для него, и ему стоит следовать, поэтому приучает себя человек к этому качеству до такой степени, что оно укореняется в его характере.

Крайности в любом качестве не принесут благо, и не подобает им следовать или приучать себя к ним. И если обнаружил человек у себя склонность к одной из крайностей, или если уже перенял одно из этих качеств и привык к нему – обязан он вернуться к лучшему и идти по хорошему пути, по пути прямому.

Правильный путь – найти «золотую середину» в любом качестве, которая одинаково удалена от обеих крайностей и не приближается к одной из них более чем к другой. Поэтому постановили мудрецы древности, чтобы человек постоянно взвешивал свои качества и измерял их, и направлял по срединному пути, чтобы тело его было цельным (ведь правильное поведение олицетворяется здоровой душой в здоровом теле). Каким же образом необходимо взвешивать и соизмерять свои качества и поступки? Не быть вспыльчивым и не впадать в гнев при первой возможности, но и не походить на бесчувственного мертвеца. Человеку следует идти по «золотой середине»: если гневаться, то только по веским причинам, которые достойны этого гнева, во избежание повторения подобной ситуации. Кроме того, следует желать лишь такие вещи, которые необходимы для тела, без которых невозможно жить, как сказано: «Праведный ест досыта [чтобы насытиться], а чрево нечестивых оскудевает».[183] Для помощи другим людям не следует жалеть денег, но и не следует растрачивать все свое состояние, а давать *цдаку* (пожертвование), в соответствии с возможностями, и давать деньги взаймы тому, кто в этом нуждается. Не быть разгульным, не попадать во власть развлечений, но не следует быть также грустным и мрачным – а излучать радость и быть приветливым. Подобный путь следует избрать и по отношению к другим своим свойствам и чертам характера.

Не следует становиться рабом своей работы или карьеры, или находиться в постоянной погоне за деньгами, проводя на

---

[183] *Мишлей* 13:25.

работе все свое время и, тем самым, пренебрегая другими своими обязанностями – по отношению к жене, детям и родителям; работать, не давая отдых своему телу, рискуя подорвать здоровье. Мысли человека не должны быть всегда переполнены работой. Если человек занимается умственным трудом, а не физическим, то следует представить работу как некий внешний аспект своих усилий, т. е. как если бы он работал руками, то по окончанию дня ему следовало бы сложить свои орудия труда и отправиться домой. Подобный совет мы находим в Книге *Теѓилим*, где сказано: «Если будешь ты есть от трудов *рук* твоих, то счастлив ты и хорошо тебе».[184] Отсюда мы учим, что работа тогда приносит радость и хороша, когда она соответствует внешнему аспекту человека, его рукам, но не занимает все его сердце и мысли. Поскольку внутренний фокус должен быть всегда направлен на Божественное, на то чтобы улучшить качество своей молитвы, совершить больше добрых дел и установить более прочную связь с Творцом.

Перечисленные выше примеры дают понимание пути «золотой середины», который и является путем мудрости. Всякий человек, качества которого находятся посередине между крайностями и сбалансированы между собой, может быть назван «мудрым».

Того же, кто, детально изучив черты своего характера, принял решение для себя устрожить ту или иную черту, отклонившись от середины, чтобы возвысить свое служение Творцу, следует называть «праведным» или «благочестивым» (на иврите – *хасид*). Попытаемся на примере объяснить, о чем идет речь. Человек, который решил побороть в себе качество

---

[184] *Теѓилим* 128:2.

гордыни и самомнения, выбирает путь к противоположности этих черт, выбирая пути скромности и покорности, удостаивается достичь качества благочестия. Однако же, если он удаляется от гордыни в той степени, что достигает лишь середины и обретает качество скромности и смирения, то его можно будет назвать мудрецом, поскольку этот уровень подобает путям мудрости. То же самое применяется и к другим чертам характера.

Праведники прошлых поколений намеренно отдаляли свои качества от среднего пути так, чтобы это качество позволяло им возвеличить свое служение Творцу. Одни дурные качества (такие как гнев, гордыня, корыстолюбие) они подавляли в себе почти до предела, тем, что развивали и углубляли их противоположности (такие как чрезмерная скромность, кротость). О подобном поведении и работе над качествами своего характера мудрецы говорили: «Кто такой *хасид*? Тот, кто делает больше того, к чему обязывает его закон».[185]

Те черты характера являются правильными и похвальными, которыми Всевышний проявляется в нашем мире и которыми мы прославляем Бога в Писаниях. Мудрецы говорят: «Как Он называется Милостивый, так и ты будь милостив; как Он называется Милосердный, так и ты будь милосердным; как Он называется Святой, так и ты будь свят».[186]

Подобно этому, называли пророки Творца следующими именами: Долготерпеливый, Праведный, Многомилостивый, Честный, Беспорочный, Могучий и Сильный и тому подобное, для того, чтобы объяснить нам нашим земным языком, как

---

[185] См. комментарий РаШИ к Мишне *Пиркей Авот* 6:1; Рамбам, *Введение к Пиркей Авот – Шмона праким*, ч.4.
[186] Вавилонский Талмуд, Трактат *Сота* 14а.

именно мы должны вести себя – ведь так поступает Всевышний. И обязан человек приучить себя к путям этим и быть похожим на Него, в меру своих сил.

Каким же образом следует приучить себя жить согласно этим качествам, до такой степени, чтобы они в нем укоренились? Необходимо поступать один раз и второй, и третий в соответствии со средними качествами, и повторять это постоянно до такой степени, чтобы были поступки эти легкими и не затруднительными для человека, и чтобы укоренились эти качества в душе его. (Иными словами, заставляя себя вести правильный образ жизни, мыслить праведно, человек постепенно утвердит такое мышление в себе, укоренит в своей натуре).

Поскольку сам Всевышний проявляет эти качества, это указует нам на верный путь, которым мы должны следовать и именно он называется «путем Творца». Это наследие которому учил наш праотец Авраѓам своих сыновей, как сказано: «Ибо Я предопределил его на то, чтобы он заповедал сынам своим и дому своему после него *следовать путями Бога*, творя добро и правосудие...».[187] А тот, кто идет по этому пути, удостаивается заслуг и благословений, как сказано в этом стихе далее: «...дабы Бог доставил Авраѓаму, что изрек о нем», т. е. обещаний и благословений, которые Бог дал Авраѓаму.

Таким образом, мы видим отсюда, что «Путь Всевышнего» это не только познание разумом Творца и его Единства, но скорее это относится к укоренению в себе Его качеств, свойств правильного поведения, присущих Богу. Каждый

---

[187] *Берешит* 18:19.

обязан приучать себя к добрым поступкам, к правильному поведению во всех сферах своей жизни, не ограничиваясь лишь приведенными здесь примерами. Основной целью при этом должно стать желание раскрыть в себе и выразить «образ Всевышнего», в соответствии с которым был сотворен человек. Так же, как организм не может жить с одной лишь головой, без тела и конечностей, так и душа не может довольствоваться одной лишь «головой» (иными словами, разумом, познаниями), но ей совершенно необходимы «здоровые органы тела», которыми являются правильные черты характера; душе также обязательно требуются «руки и ноги», олицетворяющие добрые дела, совершаемые человеком, которые станут выражением его второй натуры.

Глава 2

Исправление поврежденных черт характера[188]

Люди, больные телом, чувствуют горькое сладким, а сладкое – горьким. Встречаются больные, которые страстно желают и жаждут вещи, непригодные в пищу, например, землю и уголь, и одновременно очень не любят нормальную пищу, например, хлеб и мясо – все из-за великой болезни. Точно так же люди, больные душой, страстно желают и любят плохие качества и ненавидят идти хорошим путем, ленятся следовать ему, ибо весьма тяжел он для них из-за болезни души. Пророк Йешаяѓу говорит об этих людях: «Горе вам, называющие зло добром и добро злом, считающие тьму светом, а свет тьмою, считающие горькое сладким, а сладкое горьким!».[189] Таких людей царь Шломо охарактеризовал так: «оставляющие стези прямые, чтобы ходить путями тьмы».[190] Как же можно вылечить людей больных душой? Пусть они пойдут к мудрецам, которые являются врачевателями душ.[191] И излечат они болезнь тем, что будут обучать их, как достичь достойных свойств своей души, пока не вернутся снова на добрый путь. А о тех, которые осознают свои пороки, но не идут на

---

[188] Данная глава основана на второй главе *Законов о свойствах характера, Мишне Тора*.
[189] *Йешаяѓу* 5:20.
[190] *Мишлей* 2:13.
[191] «Мудрецами... и врачевателями душ» Рамбам называл еврейских мудрецов, которые обладали мудростью помогать другим и исправлять их. В контексте нашей книги речь идет о любом мудром человеке, который разбирается и сам обладает достойными качествами праведного человека, который сможет помочь и направить того, чьи свойства характера искривлены.

излечение к мудрецам, сказал царь Шломо: «Глупцы презирают мудрость и наставление».[192]

Каким образом излечивают их? Излишне вспыльчивому говорят, что нужно себя приучить к тому, что даже если его бьют и проклинают – не нужно этого даже замечать. И должен он идти по этому пути долгое время, пока не искоренится вспыльчивость из его сердца. А если был он высокомерным, должен вести себя так, чтобы навлечь на себя позор – сидеть ниже всех, одеваться в позорные истрепанные лохмотья и тому подобное, пока не искоренится в нем высокомерие окончательно, и не вернется он на средний путь – путь добрый. А когда вернется на средний путь, будет идти по нему все дни жизни своей. Таким же образом исправляются и все другие пороки: если отдалился к одной из крайностей, должен отдалить себя в сторону противоположную и в таком положении закрепить свойства в течение длительного срока, пока не вернется на верный путь, который есть средний путь в каждом свойстве и качестве души.

Однако существуют качества, при которых нельзя вести себя «средне», но необходимо отдалиться в сторону одной из крайностей. К таким качествам относятся высокомерие и гнев (качества эти наносят колоссальный ущерб душе человека, отдаляют его от Всевышнего, отчуждают от других людей), как сказано: «Мерзость пред Господом всякий высокомерный, можно поручиться, что он не останется безнаказанным».[193] Сказали мудрецы, что каждый, кто возвышает сердце свое, отрицает основы веры, как сказано: «И возвысишь сердце

---

[192] *Мишлей* 1:7.
[193] *Мишлей* 16:5.

свое, и забудешь Господа, Бога твоего».[194] Говорили мудрецы ранних поколений:[195] «Каждый, кто гневается, как будто поклоняется идолам». И еще сказали: «Когда человек злится, то если мудрец он, теряет мудрость свою; если пророк – теряет свой пророческий дар». Кроме этого, говорили: «Жизнь гневливого как будто не [настоящая] жизнь». Поэтому велели мудрецы отдаляться от гнева, пока не войдет в привычку не проявлять раздражительности даже к вещам, способным разозлить. И таков верный путь, путь праведных: они терпят унижение, но не унижают других; слышат оскорбления – и не отвечают. Делают это с любовью и принимают страдания с радостью, осознавая, что и это от Бога. О них говорит Писание: «...и любящие Его – как восходящее солнце в величии своем».[196]

В разделе «Врата молитвы» мы говорили об особой возвышенности силы речи человека. Поэтому следует быть чрезвычайно осторожным в своих изречениях: следует лучше молчать, а если и говорить, то лишь о различных аспектах знаний, либо о том, что необходимо для физического существования.

Об этом сказал мудрец рабби Шимон бен Гамлиэль: «Нет ничего полезнее для самого человека, чем молчание; каждый, кто много говорит, не избежит греха».[197] Поэтому обсуждая какой-то вопрос, следует говорить коротко, но емко и четко

---

[194] *Дварим* 8:14.

[195] Обсуждение различных источников этих высказываний приводится в комментарии Рабби Элияѓу Тоугера к *Мишне Тора*, том 2 (*Законы о свойствах характера*).

[196] *Шофтим* 5:31.

[197] *Пиркей Авот* 1:17.

по теме обсуждения. Когда используется много слов без особого содержания, то это глупость; и об этом сказано: «Ведь узнается [пророческий] сон по обилию смысла, а голос глупца – по обилию слов».[198]

Подобно этому сказал рабби Акива: «Ограда мудрости – молчание».[199] Поэтому не нужно спешить с ответом и следует избегать многословности. И если он учитель, то нужно обучать учеников размеренно и спокойно, без крика и многословия. Об этом царь Шломо говорит: «Спокойные речи мудрых слышны...».[200]

Запрещено человеку вести себя льстиво и заискивающе. Не следует говорить одно, а в сердце думать иначе. Правильно чтобы уста выражали то, о чем он думает в сердце своем.[201] Поэтому запрещено вводить в заблуждение других. Как, например, нельзя упрашивать товарища отобедать у него дома, точно зная, что тот не согласится. И нельзя подносить гостям множество даров, точно зная, что те их не примут. И нельзя открывать новую бочку вина, которую он уже планировал открыть назавтра, говоря, что он открывает ее в честь дорогого гостя. И другие подобные ситуации.

И даже одно слово лжи или обмана запрещено произносить. Следует выработать язык истины и правильные намерения, и сердце, чистое от хитростей и обмана.

---

[198] *Когэлет* 5:2.
[199] *Пиркей Авот* 3:13.
[200] *Когэлет* 9:17.
[201] Такую способность говорить честно мы видим в поведении братьев Йосефа, см. комментарий РаШИ к *Берешит* 37:4.

Не следует постоянно развлекаться и шутить, но и не следует постоянно грустить и унывать, но следует радоваться своей доле. Так сказали мудрецы: «Развлечения и легкомысленность приучают человека к разврату».[202] Поэтому мудрецы постановили, что человеку не следует громко безудержно смеяться и не стоит всегда грустить и унывать, но следует принимать всех приветливо.

Также не следует быть жадным и постоянно гнаться за богатством, но и не следует сидеть, сложа руки, но нужно знать меру: ограничивать свою работу и высвобождать время для занятий духовными вопросами и своей семьей, и радоваться тому, что у него уже есть. Не следует быть задирой, не следует завидовать, не быть сладострастным, не гнаться за славой. Так сказали мудрецы: «Зависть, сладострастие и честолюбие сживают человека со света».[203] Общее правило таково: нужно идти по среднему пути в каждом качестве, пока все качества не окажутся посередине (кроме сказанного выше о гневе и гордыне).

Да не подумает человек: раз вожделение, честолюбие и тому подобное – плохой путь и сживают человека со свету, избавлюсь от них совершенно, отдалюсь к противоположному концу; до того, что, впадая в крайность, он перестанет есть мясо и пить вино, и не женится, и не будет жить в удобном жилище, и не станет надевать удобную одежду, а только мешковину и грубую шерсть, и так далее, подобно идолопоклонникам, истязающим самих себя в прямом и переносном смысле. Это тоже плохой путь, и нельзя вести

---

[202] *Пиркей Авот* 3:13.
[203] Там же 4:21.

себя подобным образом. Тот, кто так себя ведет, называется грешащим.

Поэтому велели мудрецы, чтобы человек не отказывался ни от чего, кроме вещей, запрещенных Торой, и не изнурял себя ограничениями и обетами воздержания на то, что ему разрешено. Это также относится к тем, кто нескончаемо постится или по собственной воле причиняет себе дискомфорт.[204] Однако если подобные меры применяются для того, чтобы сломать собственную гордыню, искупить грехи, такое поведение будет оправданным – ведь оно направлено на исправление своих качеств. Такие меры подходят также для больных душой людей, о которых мы говорили выше, но опять же, до тех пор, пока они не исправятся и не приобретут нормальные качества.

---

[204] *Мишне Тора, Законы о свойствах характера*, гл. 3.

Глава 3

Как оградить себя от греха. Пути благочестия

В двух предыдущих главах речь шла о том, что следует человеку всегда и во всем придерживаться срединной линии, идти по пути «золотой середины» (кроме двух качеств, обсуждавшихся выше). Несмотря на это, мудрецы учат делать «ограду» для того, чтобы посредством нее отдалить человека от возможности совершить преступление.[205] И в этом, безусловно, содержится великий смысл, поскольку есть такие вещи, от которых следует держаться подальше – ведь человек, даже не помышляющий о преступлении, попав в подобную ситуацию, может не удержаться. Ведь большинство людей тянутся именно к запретному – такова природа человеческая. Тот, кто чувствует за собой склонность к запретному, должен усилить свои положительные качества путем устрожения, подобно вышеупомянутому больному, который не должен идти средним путем, а должен направить себя к иной крайности для собственного излечения.[206]

Известно, что сердце каждого склонно к запретным связям, поэтому, для того, чтобы не возникало соблазна нарушить этот запрет, устанавливаются нормы поведения в данной сфере. В частности, запрещается уединяться с человеком, с которым Законом ему запрещена интимная связь. Это является частью запрета прелюбодеяния.[207] Подобное

---

[205] Как сказано в *Пиркей Авот* 1:1 «Возведи ограду вокруг Торы». Это относится к созданию дополнительных барьеров в своем поведении, дабы даже не приближаться к случайному нарушению Закона.
[206] Рамбам, *Введение к Пиркей Авот*, (*Шмоне праким*), гл. 4.
[207] Рав Моше Вайнер, *Божественный кодекс*, ч. 6, гл. 7.

правило, запрет уединения, применяется во всех случаях, когда между мужчиной и женщиной может возникнуть желание вступить в запрещенную связь.[208]

Следует отметить, что уединение без физического контакта, с запрещенным партнером не запрещено Торой для потомков Ноаха. Однако, весьма мудрым решением для собственного духовного здоровья будет избегать подобного уединения и оградить себя от любой возможности, даже, на первый взгляд, весьма отдаленной, склониться к нарушению. Запрет уединения способен уберечь от многих неблагоприятных ситуаций. И достоин всяческих восхвалений тот мужчина, который станет тщательно беречь себя от ситуаций, когда он может оказаться наедине с любой женщиной, кроме своей жены и близких родственниц. И весьма похвальным будет избегать уединения даже с женщиной, на которой он намеревается жениться.

Наряду с оградами, установленными мудрецами, целью которых является оградить все общество от нарушений, следует так же устанавливать и свои собственные личные ограды, дабы оградить самого себя от возможности преступить Закон. В качестве примера можем рассмотреть распространенную страсть людей – стремление к наживе, в крайнем ее проявлении – к наживе за чужой счет! И если кто-либо чувствует за собой такую болезнь, должен установить для себя череду запретов, являющихся для него ограждающим

---

[208] К примеру, в большинстве правовых систем действует запрет на педофилию и суды запрещают уединяться с детьми тем, кто был осужден по этой статье. Подобная практика может быть расширена на всех тех, кто склонен и вожделеет к вступлению в те или иные виды запрещенных связей.

фактором, который воспрепятствует ему совершение воровства.

Встречаются люди, которые считают особым деликатесом мясо живого животного. Люди, страдающие подобным недугом, должны всячески ограничивать себя в употреблении в пищу крови живого животного, либо им следует снизить количество потребляемого мяса, дабы отдалиться от запрещенного. Подобно этому человек, страдающий от воздействия на организм алкоголя, должен свести к минимуму употребление спиртных напитков.

Существует еще одна сфера жизни, в которой следует человеку идти дальше предписанного Законом и отдалиться от среднего пути. Речь идет о взаимоотношениях с другими людьми. Межличностные отношения важны настолько, что даже если и нет у человека особых дурных качеств в этой области, то подобает научиться относиться к другим лучше, чем они того заслуживают. Такое поведение несет мир и благополучие всему обществу.

Само собой разумеется, мудрый человек будет вести свои дела честно и справедливо. Если он с чем-то внутренне не согласен, то открыто скажет «нет», если согласен – скажет «да». Однако человек, стремящийся идти путем праведности, возложит на себя дополнительные обязательства, сверх «буквы закона». Ниже приведем примеры подобного благочестия в ведении дел:

- проявляет строгость к самому себе в вопросах ведения учета;

- уступчив при совершении покупок у других, не настаивает на получении сдачи в полном размере;

- оплачивает покупку немедленно, вместо того, чтобы накапливать счета на оплату;

- четко следует данным обещаниям в вопросах покупки и продажи и делает все возможное, чтобы сдержать слово. К примеру, если выразил заинтересованность приобрести товар у одного из продавцов, но затем нашел такой же товар по более низкой цене у другого торговца, то следует поступить благочестиво и приобрести товар у первого, даже несмотря на то, что это не требуется по Закону;

- если кто-то имеет перед ним финансовые обязательства, но при этом испытывает сложности с погашением долга, то будет правильным предоставить должнику отсрочку платежа или же простить долг полностью;

- дает взаймы и дарит подарки, при этом, не ожидая подарков и займов взамен;

- не посягает на чужие средства к существованию и не причиняет по собственной воле дискомфорт другим;

- общее правило в его жизни таково, что он предпочитает быть среди преследуемых, но не среди преследователей; среди обижаемых, но не среди обижающих.[209]

Человек, придерживающийся описанной линии поведения в делах бизнеса и других сферах жизни, превозносит и

---

[209] *Мишне Тора, Законы о свойствах характера* 5:13.

прославляет этим своего Творца. Поскольку качества, присущие такому человеку, являясь путями Творца, Милосердного и Доброго, Долготерпеливого и Милостивого, считаются проявлением благочестия, которое превыше норм и правил, определенных Законом.

Глава 4

Скромность

Качество скромности проистекает из качества смирения, поскольку человек смиренный ведет себя скромно, предпочитает не выделяться и не возвышаться каким бы то ни было образом. Напротив, человек горделивый старается выделиться и ведет себя неподобающе. Скромный и почтительный проявляет уважение к другим, в то время как гордец занят только собой и ожидает лишь почестей в свой адрес, при этом, не проявляя уважения и почета к другим.

Подобным образом проявляется и отношение к почитанию Бога. Скромный человек своим смирением проявляет к Создателю чувство наивысшего уважения; он смущен пред Всевышним, ощущая на себе беспрестанный взгляд Создателя, оценивающего его поступки и поведение.[210] Как сказано об этом: «За смирением следует страх пред Всевышним».[211] Следует заметить, что человек должен быть скромным не только по отношению к окружающим, но также и в поведении с самим собой.[212] Ведь проявляя скромность наедине с собой, человек учится не забывать о том, что Всевышний смотрит на него беспрестанно.[213]

---

[210] Рабби Йосеф Каро, *Шулхан Арух, Орах Хаим*. ч. 2, п. 1.
[211] *Мишлей* 22:4.
[212] Рабби Яаков бен Ашер, *Тур, Орах Хаим*. ч. 2.
[213] Это не противоречит сказанному в *Пиркей Авот* 5:20, которую мы цитировали в Третьих Вратах в главе 1. Эта *мишна* утверждает, что человек должен быть «дерзок как тигр, исполняя волю Отца своего Небесного». И далее эта *мишна* продолжает: «Дерзкому – ад, а застенчивому – рай». Объяснение этого, казалось бы, противоречия мы

Скромность должна проявляться во всех аспектах поведения. В первую очередь, это относится к одежде, взаимоотношениям с окружающими и речи.

Каким образом скромность должна проявляться в одежде? Одежда должна придавать почтенный вид, соответствующий положению. Нельзя надевать царскую одежду или одежду богачей, не соответствующую положению человека и являющуюся из-за этого предметом повышенного внимания окружающих; также не следует впадать в иную крайность и надевать нищенскую одежду, унижающую того, кто ее носит.[214]

Нельзя носить одежду, из-под которой видно тело, ведь только животные, лишенные чувства стыда, ходят в обнаженном виде; человеку же вести себя так не подобает, поскольку он представляет собой «образ и подобие Творца» – поэтому и одеваться должен соответственно.

В особенности женщине следует покрывать свое тело с должной скромностью.[215] Ведь, кроме того, что вызывающая

находим в книге Рабби Менахема Мендла Шнеерсона (Любавичского Ребе) *Ликкутей Сихот*, т. 15, стр. 256: «Смирение и дерзость не всегда находятся в противопоставлении. Когда речь идет о вещах касающихся непосредственно человека, то подобает ему вести себя скромно и смиренно, с готовностью к компромиссу. Однако же, когда речь идет о его служении Творцу, то следует ему быть смелым и стойким, отстаивая четко свою позицию перед лицом всех, кто пытается противостоять ему в этом».

[214] *Мишне Тора, Законы о свойствах характера* 5:9.
[215] *Божественный кодекс*, ч. 6, гл. 6. В соответствии со стандартом Торы в отношении скромной одежды для женщины, следует покрывать ею всю верхнюю часть своего тела, начиная от начала шеи, при этом прикрывая руки ниже уровня локтей и ноги ниже уровня колен. Эти требования относятся к еврейским женщинам, но могут быть использованы как

одежда привлекает мужское внимание и пробуждает запрещенные желания, такой вид лишает ее почета «образа и подобия Бога».

Каким образом скромность должна проявляться во взаимоотношениях с окружающими? Не следует совершать поступки только для того, чтобы показать себя на публике. Даже если речь идет о человеке обеспеченном или богатом, не подобает выставлять напоказ свое имущество только для того, чтобы прихвастнуть перед окружающими. Напротив, богатый человек должен, прежде всего, восхвалять Всевышнего за то, что послал ему такую удачу, а затем – искать, каким образом можно использовать это имущество для того, чтобы обеспечить себя, своих домочадцев, а какую долю средств направить на добрые дела.

Скромность в ведении дел выражается в способности довольствоваться малым, в соответствии с чем человек должен радоваться тому, что у него есть, и не стремиться к излишествам, а желать получить только то, что необходимо для жизни тела и души; не следует гнаться за различными богатствами, которые, по сути дела, ни к чему. Нужно радоваться тому, что имеешь. Тот, кто радуется своей доле, обретает спокойствие и удовольствие от жизни. Тот же, кто стремится к различным излишествам, никогда не обретет

рекомендации (т. е. не несут обязательный характер) для женщин народов мира. Там, где это принято, женщинам допускается носить брюки, если они прикрывают ноги ниже колен (даже в положении сидя) и если их вид не слишком вызывающий. К примеру, брюки не должны быть слишком облегающими или другим образом привлекать мужское внимание. Однако более похвальным и благочестивым будет считаться ношение скромного платья или юбки.

спокойствия и никогда не ощутит истинную радость, поскольку беспрестанно будет стремиться заполучить что-то новое, чего у него еще нет. Как сказано нашими мудрецами: «Если у человека есть сто монет, он хочет двести; есть двести, он хочет четыреста».[216] Получается, что такой человек никогда не сможет по-настоящему удовлетвориться тем, что у него есть, ведь он постоянно будет занят погоней за еще большим.

Продолжая эту тему, следует добавить, что не следует человеку гнаться за славой и почетом. Мудрецы предупредили и сказали: «Зависть, вожделение и тщеславие сживают человека со света».

Каким образом скромность должна проявляться в речи? Не следует кричать и визжать, как животное, и даже не повышать сильно голос. Вместо этого следует говорить мягко со всеми людьми. Также следует позаботиться о том, чтобы говорить с человеком на близком расстоянии, дабы не пришлось кричать. Следует первым приветствовать любого человека, чтобы расположить людей к себе. Судить людей следует с лучшей стороны – говорить о человеке только то, что достойно похвалы, и никогда не говорить то, что может устыдить другого. Следует поступать, как учат наши мудрецы: «Веди себя как Аѓарон, люби мир и преследуй его».[217] Не следует искажать факты, преувеличивать или преуменьшать события – разве что это направлено на установление мира между людьми или для защиты чьих-нибудь чувств или достоинства.

---

[216] *Коѓэлет Раба* 1:34.
[217] *Пиркей Авот* 1:12.

Если человек видит, что его слова могут быть услышаны, должен говорить; если нет – должен молчать.[218] Каким образом? Не нужно уговаривать приятеля успокоиться, пока тот в гневе, поскольку это может лишь усилить его гнев. Не следует задавать вопросы тому, кто находится посреди принесения клятвы или обета, но следует дождаться, пока его разум будет спокоен и уравновешен. Не следует утешать потерявшего близкого человека, пока еще не погребен усопший. Не следует смотреть на человека в момент, когда унижено его достоинство, но следует отвести свой взгляд. И подобно этому в других ситуациях.

Поведение человека должно быть скромным и в других сферах его жизни, как сказано: «…любить милосердие, и скромно ходить пред Богом твоим».[219] Это можно понимать и буквально, относительно манеры ходить. Ходить человеку следует сдержанно и спокойно, а не горделиво и вызывающе, не следует ходить, слишком выпрямившись, с высоко поднятой головой. И не должен человек бежать по улице и вести себя, как сумасшедший.

По тому, как человек ведет себя, можно понять, мудр и содержателен ли он, или напротив, глупец и пустышка. Как сказал царь Шломо в мудрости своей: «И даже на пути, которым идет глупец, ему не хватает ума, и он всем (как бы) говорит, что он глуп».[220] Иными словами, пустотой и манерностью своего поведения глупец свидетельствует всем, что он глупец.[221]

---

[218] *Мишне Тора, Законы о свойствах характера* 5:7.
[219] *Миха* 6:8.
[220] *Когэлет* 10:3.
[221] *Мишне Тора, Законы о свойствах характера* 5:8.

Следует человеку быть любезным с окружающими и не отделять себя от принятых традиций и обычаев своего общества. Подобно этому, путешествуя и попадая в другую среду, следует человеку уважительно относиться к обычаям и правилам тех мест, если они для него приемлемы.

Итак, из того, что мы изучили в этой главе, следует, что всегда и во всем скромность полезна для человека и его достоинства.

Глава 5

Сила влияния окружения. Пути порицания [222]

Природа человека такова, что он всячески старается подражать в образе жизни и действиях близким людям и друзьям, следовать обычаям своих соотечественников. Поэтому следует соответствующим образом ограничивать круг своих друзей, выбирая в друзья праведников, а также всегда находиться среди мудрецов, чтобы учиться на их поступках и отдаляться от грешащих, блуждающих во тьме, чтобы не перенимать от них отрицательные качества. Об этом сказал Шломо: «Идущий с мудрецами наберется мудрости, а дружащий с глупцами – ухудшится».[223] И сказано: «Счастлив человек, который не ходил по совету нечестивых и на пути грешников не стоял, и в собрании легкомысленных не сидел».[224]

И если человек живет в стране, обычаи которой дурны, и жители которой ведут себя непорядочно, должен уйти в место, жители которого праведники и ведут себя хорошо. Если же во всех известных ему странах, о нравственности которых он имеет сведения, жители ведут себя плохо, как в наше время, или у него нет возможности переехать в место, обычаи которого хороши, по тем или иным веским для него причинам – следует оградить себя от общества дурных людей, как сказано: «Должен сидеть в одиночестве и молчать...».[225]

---

[222] Данная глава основана на шестой главе *Законов о свойствах характера*, *Мишне Тора*.
[223] *Мишлей* 13:20.
[224] *Теѓилим* 1:1.
[225] *Эйха* 3:28.

Если же жители места до того дурны и грешны, что не дают ему жить в этой стране, если он не хочет смешиваться с ними и перенимать их плохие обычаи – он обязан «уйти в пещеры, или в дебри, или в пустынные места, только не вести себя как грешники»,[226] как сказано: «Кто бы дал мне убежище в пустыне, и я удалюсь от своего народа».[227] Контакт с положительными людьми может проявляться во всех аспектах жизни; необходимо стараться все время находиться в обществе таких, именно положительных людей, идущих по верному пути. Необходимо советоваться с добрыми, порядочными людьми о том, как следует себя вести в той или иной ситуации, какое решение принять.

Как каждый зависит от своего окружения, так каждый и влияет на свое окружение. Поэтому человек обязан стараться влиять на близких и на все окружающее общество положительно. Следует уважать и любить других людей, оказывая им всяческое почтение, не быть холодным и безразличным к ним, особенно когда они нуждаются в положительном влиянии, которое есть возможность оказать. (Отговорки, что он якобы не достаточно к этому подготовлен или достоин, тогда как в действительности обладает к этому способностями, называется «ложной скромностью»).[228]

---

[226] *Йермеяѓу* 9:1.

[227] *Законы о свойствах характера*, глава 6, часть 1. Несмотря на то, что окончание данного высказывания Рамбама во многом далеко от нашей реальности, важно осознавать, до какой степени общество может повлиять на человека, и насколько человек должен постараться, чтобы отдалиться от плохого общества.

[228] Данное выражение было использовано в контексте вступления к книге Рабби Шнеур Залман из Ляд (Алтер Ребе). *Ликкутей Амарим* (*Тания*. Ч. 1);

Каждый человек обязан искоренять из своего сердца ненависть по отношению к созданиям Всевышнего. Запрещается беспричинно ненавидеть того или иного человека. Даже если человек в ком-либо узрел какое-либо недостойное поведение, нет права его за это ненавидеть – необходимо постараться исправить его, а если это невозможно, в любом случае, не испытывать к нему личной ненависти. И, несмотря на то, что следует отдаляться от человека, совершающего недостойные деяния, чтобы не перенять от него плохие поступки, так или иначе, следует избегать в своем сердце ненависти даже к таким людям. Ведь ненависть порождает раздоры, конфликты и прочие беды. [229]

(При этом следует различать между теми грешниками, которые нарушают повеления между человеком и Творцом, при этом практически не причиняя никакого вреда своему окружению, и теми великими злодеями, наносящими великий вред обществу, которых невозможно вернуть на пути истины ни убеждениями, ни порицанием. К таким людям следует проявлять ненависть со стороны всего общества, дабы отделить их от других и оградить общество от их злодеяний). [230]

Если кто-то согрешит против другого – не должен тот смолчать и затаить обиду, но следует обратиться к обидчику

см. также Рабейну Бахья *Обязанности сердец* (*Ховот ѓа-Левавот*), *Введение к Вратам Смирения*.

[229] *Тания*. Гл. 32. Несмотря на то, что речь в ней идет о евреях, которым дана заповедь «Возлюби ближнего своего, как самого себя», в любом случае, праведникам народов мира следует принять для себя подобную линию поведения.

[230] Там же, конец гл. 32.

со словами: «Зачем ты так поступил со мной? Зачем ты согрешил со мной в том-то, и том-то?». И если тот признает свою ошибку и попросит его простить, то нужно простить и не быть жестокосердным, как сказано: «И начал молиться Авраѓам Всесильному за Авимелеха и его домочадцев, и Он вылечил Авимелеха...».[231]

Как объясняется в книге *«Божественный кодекс»*,[232] вменяется в обязанность порицать того, кто нарушает Законы потомков Ноаха, если это сможет повлиять на нарушающего. Это правило следует из повеления для потомков Ноаха установить честное и справедливое гражданское общество. И всякий, имеющий возможность повлиять на нарушающего Закон, но отказавшийся даже от попыток влияния, сам считается виновным в совершении греха, от которого он мог оградить другого человека.[233]

Таким образом, тот, кто видит ближнего своего грешащим или поступающим плохо, обязан вернуть его на правильный путь и сообщить, что он причиняет вред сам себе своими дурными делами, как сказано: «Упрекай товарища своего...».[234] Применяется это правило как к равному по статусу, так и к тем, кто выше или ниже. Однако обязанность упрекать относится лишь к знакомому. Если же нарушение совершает незнакомец, который за слова порицания может возненавидеть или даже вознамериться отомстить, то

---

[231] *Берешит* 20:17.
[232] *Божественный кодекс,* ч. 1, гл. 3:1 и 4:8.
[233] *Мишне Тора, Законы о царях* 9:14, где говорится о жителях Шхема.
[234] *Ваикра* 19:17.

упрекать следует лишь в том случае, когда есть твердая уверенность, что порицание будет услышано и принято.[235]

Тот, кто упрекает своего ближнего – за проступок по отношению к нему или к другому, или за преступление пред Всевышним – должен делать это наедине. Говорить следует спокойно и мягко, объясняя, что делает это только ради его же блага, чтобы помочь ему удостоиться доли в Мире Грядущем. Если тот принял упрек, очень хорошо; если нет – должен упрекнуть второй раз, и третий раз. И каждый раз [при встрече] обязан его упрекать, пока не ударит его согрешивший или не скажет, что не собирается его слушать. И если видно, что согрешивший совсем не намерен выслушивать порицания в свой адрес, то нет обязанности продолжать или изыскивать иные способы влияния на него.

Когда человек упрекает ближнего, не следует говорить с ним резко, чтобы его не унизить, как сказано: «И следует тебе упрекать ближнего своего, и не понесешь за него греха», т. е. не упрекай его так, чтобы этим унизить его, иначе сам совершишь нарушение, тем, что станешь причиной его унижения. Сказанное касается личной беседы, а из этого мы можем выучить насколько серьезнее и страшнее унизить другого на глазах других. Подобное порицание не только не отвратит человека от греха, но причиненное унижение наоборот спровоцирует его на дальнейшие нарушения и добавит еще разобщенности между людьми. Поэтому в стихе говорится об ответственности того, кто своим порицанием унизил другого и спровоцировал совершение новых нарушений.

---

[235] Рабби Шнеур Залман из Ляд (Алтер Ребе). *Шулхан Арух ѓа-Рав, Орах Хаим* 156:7.

Однако когда речь идет об неисправимых хамах или о людях с нарушениями интеллекта, то весьма благочестиво просто простить и забыть их поступок, не держа в сердце неприятных эмоций. Ведь вряд ли они пойдут путями исправления и смогут принять слова назидания, скорее они лишь затаят обиду и злость к тому, кто эти слова им выскажет.

Дурные поступки человека не должны предаваться огласке. Запрет злословия и сплетен относится к тем случаям, когда злословящий намеревается причинить вред другому человеку или его имуществу, либо унизить его словами, либо просто придать гласности некие известные ему факты и, тем самым, получить удовольствие от того, что этот человек стал прилюдно опорочен. Однако разрешено делиться информацией о совершенном нарушений с другим человеком в частном порядке, если тот человек имеет возможность как-то повлиять на согрешившего и вернуть его к путям истины. Обязательным условием при этом является намерение передающего подобную информацию действовать во благо того, кто оступился.

Однако если совершающий нарушения человек представляет угрозу для общества, то разрешено предавать огласке его злые деяния, дабы предупредить других и предотвратить возможный ущерб от его действий.[236]

---

[236] Хафец Хаим, *Законы запрещенной речи.* Гл. 4; Рав Моше Вайнер. *Божественный кодекс,* ч.5, гл. 8:7-8.

Глава 6

Любовь и уважение к другим людям

Моральная обязанность каждого человека воздерживаться от ненависти по отношению к другим людям. Не следует держать ненависть в сердце. Также не следует вести себя по отношению к другому так, чтобы в результате такого поведения он был унижен или опозорен. Не следует ругать или проклинать кого-либо, не следует говорить о ком-либо плохо.[237]

Тот, кто возвышается, унижая другого человека, не имеет удела в Мире Грядущем и относится это также к тому, кто специально унижает другого прилюдно.[238]
Напротив, следует заботиться о достоинстве другого человека, как о своем собственном.

Эти правила праведного поведения включены в «Золотое правило», которое было сформулировано великим мудрецом Гилелем: «Ненавистное тебе не делай ближнему своему».[239] Так сказано в Торе: «…люби ближнего своего, как самого себя, Я Господь».[240]

---

[237] Все сказанное также относится к мыслям и словам человека о самом себе. Также как следует проявлять уважение к другим людям, следует уважать самого себя, хотя бы на том основании, что человек является творением «по образу и подобию Бога».
[238] *Мишне Тора, Законы о свойствах характера*. Гл. 6.
[239] Вавилонский Талмуд, Трактат *Шаббат* 31а.
[240] *Ваикра* 19:18.

Благочестивый старается в своих глазах оправдать каждого и, если и говорит о ком бы то ни было, то только слова восхваления.[241]

Как часть запрета ненависти к другим данный стих начинается словами: «Не мсти и не храни злобы...». Что значит мстить? Например: один человек просит у другого одолжить топор, а тот ему отказывает; назавтра отказавшему самому понадобилось взять взаймы у соседа пилу, а тот ему отказал, сказав: «Я не дам тебе, так же как ты не дал вчера мне». Такой человек мстит. Вместо этого, следует дать ему с чистым сердцем, не воздавая человеку его же монетой, не совершать возмездие. И всякое подобное деяние – мщение своему ближнему за когда-то причиненное зло, представляет собой весьма отрицательное качество.

Что значит затаить обиду? Например: Реувен попросил Шимона сдать ему в наем жилье или одолжить быка, и Шимон отказал; через некоторое время Шимону понадобилось что-то одолжить или занять у Реувена, и Реувен сказал ему: «Я одолжу тебе, потому что я не такой, как ты – не воздам тебе злом за зло!» Поступающий так – нарушает запрет "не будь злопамятным". Но должен стереть случившееся из своего сердца и не вспоминать это, поскольку все время, пока он помнит зло и таит обиду, он может решить отомстить. И это правильное поведение, которое делает возможным сосуществование людей и нормальные взаимоотношения между ними.[242]

---

[241] См. Мишна. *Пиркей Авот* 1:6; Рамбам. *Мишне Тора. Законы о свойствах характера* 5:7.
[242] *Мишне Тора, Законы о свойствах характера* 7:7-8.

Так вел себя праведник Йосеф, который, несмотря на то, что его братья продали его в рабство в Египет, не ответил им злом, а напротив – воздал добром. Как сказано: «А теперь не бойтесь. Я буду кормить вас и младенцев ваших. И он утешал их, и говорил по сердцу их».[243]

Вышеприведенные примеры указывают верные пути, которыми следуют мудрые люди. Но превыше этого пути благочестия, выражающиеся в любви к другим и проявленные в исключительной форме первосвященником Аѓароном, как сказано об этом в *Пиркей Авот*: «Ѓилель говорил: «Будь учеником Аѓарона – люби мир и стремись к миру, люби людей и приближай их к Торе».[244] И, несмотря на то, что нет прямого повеления у потомков Ноаха приближать других людей из народов мира к Торе, как есть это у евреев, но как это явствует из примера с Авраѓамом, каждому следует направлять других на поиск Истины и наставлять их, говоря о поведении достойном «образа и подобия Творца».

Каким образом Аѓарон стремился к миру? Когда он видел спор двух людей, то подходил к каждому из них по отдельности и говорил: «Посмотри, как друг твой раскаивается, укоряет себя за то, что грешил по отношению к тебе, и он попросил меня прийти к тебе и просить за него, чтобы ты его простил». И те, кто еще вчера укоряли друг друга, на следующий день пожимали друг другу руки и обнимались.

Каким образом он любил людей и приближал их к Торе? Когда Аѓарону становилось известно, что тот или иной человек совершил преступление, он подходил к нему с

---

[243] *Берешит* 50:21.
[244] Мишна. *Авот* 1:12.

улыбкой, приветствовал его, всячески проявляя к нему дружелюбие. Тогда стыдился этот человек и думал про себя: «Если бы знал этот праведник обо всех моих злодеяниях, то отдалился бы от меня, не смотрел бы в мою сторону и не разговаривал бы со мной. А поскольку он принимает меня за нормального человека, мне следует изменить свое поведение, чтобы стать достойным близости к этому праведному человеку!» И благодаря такому отношению согрешивший совершал раскаяние и возвращался к путям мира и добра. Об этом сказал пророк: «…в мире и справедливости ходил он [Аѓарон] со Мной и многих отвратил от греха».[245][246] Таким образом, можно сделать вывод, что мудрый человек не будет ненавидеть других, несмотря на то, что те его обидели, а простит их и не будет отвечать им злом; мудрый человек будет миролюбив со всеми и с каждым. Выше этого идут качества праведника, выраженные в стремлении к миру и любви ко всем созданиям Творца. Праведник стремится к распространению добра во всем мире, проявлению милосердия и помощи всем, кто в ней нуждается.

---

[245] *Малахи* 2:6.
[246] *Авот Де-Рабби Натан*, приводится Рамбамом и Равом Овадией Бертинора на Мишну *Авот*, там же.

Глава 7

Меры предосторожности в использовании силы речи у мудреца и праведника

Запрещается унижать и позорить человека, даже словесно, и нельзя рассказывать в его присутствии о том, чего он стыдится.[247] Говорят мудрецы: «Унижающий человека прилюдно (так, что тот меняется в лице) – не имеет удела в Грядущем Мире».[248] Так повела себя Тамар с Иегудой: она не пожелала указать на Иегуду как на отца ее будущих детей, дабы не опозорить его прилюдно, несмотря на то, что это могло спасти ее от смертельного приговора. «Лучше умереть, чем опозорить его на глазах людей»[249] – посчитала она.

Запрещено разносить сплетни. Кто такой сплетник? Тот, кто, имея некую информацию, ходит от одного к другому и сообщает: так-то и так-то сказал такой-то; то-то и то-то я слышал о таком-то и, несмотря на то, что он говорит правду, это может привести к разрушениям в мире и кровопролитию, Боже упаси.[250] Вспомни, какое зло причинил Доэг Эдомитянин,[251] который рассказал царю Шаулю о коэнах города Нов, в результате чего все коэны города Нов были убиты, а Доэг был проклят царем Давидом и умер, прожив лишь половину отведенного ему срока.[252]

---

[247] *Мишне Тора. Законы о свойствах характера*, гл. 6.
[248] Вавилонский талмуд., *Бава Мециа* 59а.
[249] Там же, *Сота* 10б.
[250] *Мишне Тора, Законы о свойствах характера*, гл. 7.
[251] *Шмуэль I* гл. 22.
[252] Вавилонский Талмуд, Трактат *Сангедрин* 106б.

И не только тот, кто разносит сплетни, считается преступником, но и тот, кто их слушает! Такой человек наказывается даже более сурово, чем сам сплетник, поскольку, выслушивая сплетни, он потакает и поощряет этим сплетника.[253] Поэтому запрещено слушать сплетни, исключая только те случаи, когда эта информация важна для слушателя по каким либо важным причинам и он слушает только из-за этого.[254]

Есть еще большее преступление, чем сплетни – злословие.[255] Злословием называется распространение порочащих сведений о человеке, даже если это правда, будь то в присутствии человека, либо в его отсутствие. Любое высказывание, которое может причинить любой вид ущерба самому человеку или его имуществу, или даже просто обидеть, оскорбить, причинить неудобство или испуг, если бы он узнал о том, что это было сказано – тоже называется злословием.

Также как и относительно сплетен, принимающий злословие грешит больше, чем сам злоязычник, тем, что он поощряет произносить такие речи. (И разрешается слушать только в тех случаях, когда речь идет о вопросах собственной безопасности и сохранности имущества).

Злословящий может подумать, «А что я такого сделал? Всего лишь сказал или передал что-то». Поэтому человеку следует отдаляться, насколько это возможно, от этого греха, ведь к

---

[253] Рамбам, там же. Применяется как к сплетням, так и к злословию.

[254] Рабби Шнеур Залман из Ляд (Алтер Ребе). *Шулхан Арух ґа-Рав* 156:10.

[255] С деталями данного запрета можно познакомиться в книге рава Моше Вайнера, *Божественный кодекс*, ч. 5, гл. 8.

нему его подталкивает злое начало – сказать или выслушать плохое о другом.

Запрещается находиться в компании злоязычников, таких, чьи разговоры сводятся к сплетням и злословию, и о которых известно, что ничего, кроме злословия, уста их не изрекут. Если же человек уже попал в такую компанию и не может оттуда уйти (а также не имеет возможности выразить свой протест, воспрепятствовав, таким образом, продолжению подобных разговоров), он не должен вообще участвовать в беседе, высказывая каким-либо образом свое одобрение или радость по поводу сказанного; более того, ему следует про себя принять железное решение о полном непринятии этих слов.

Пути благочестия подразумевают отказ от злословия и сплетен в максимальной степени, но кроме этого, также и контроль над всеми другими аспектами речи. Так, в частности, следует избегать даже «пыли злословия»! К этим выражениям мудрецы относят негативные высказывания человека, которые не говорят о чем-то конкретном, например: «Кто бы мог подумать, что такой-то станет таким, как сейчас?» Или: «Давайте не будем говорить о таком-то, я не хочу рассказывать о нем то, что мне известно»; и тому подобное. Причина запрета в том, что такие, казалось бы, безобидные высказывания бросают тень на обсуждаемого человека, и дальнейшее обсуждение его или его поступков, несомненно, скатится к запретному злословию.

Кроме того, если рассказывают нечто положительное о человеке в присутствии ненавидящих его, это также "пыль злословия", так как приводит к тому, что те начинают рассказывать о том же человеке нечто порочащее. Также не следует на публике громко благодарить или прославлять человека, ведь может найтись среди слушающих тот, кто возжелает извлечь выгоду из этой информации. И об этом сказал царь Шломо: «Восхваляющий ближнего громким голосом встанет утром и увидит, что сказал проклятие»[256] – то есть, желая добра, сделал человеку зло.[257]

Кроме того, следует избегать общества легкомысленных людей, паясничающих и говорящих глупости и, конечно же, следует избегать общества людей, в которых принято сквернословить. Такие вещи сживают человека со света.[258]

Также следует человеку избегать подхалимства. Подхалимаж – ложь, введение человека в заблуждение. Праведному человеку не подобает подхалимничать. Всякий заискивающий перед грешником из боязни, сам совершает преступление, поскольку предпочел трепет перед преступником трепету пред Всевышним, и тем самым сам заслуживает наказания Свыше. Однако если человеку угрожает серьезная опасность, и он понимает, что заискивание и лесть помогут ему выбраться из этой ситуации, то разрешается сделать это ради спасения.[259]

Кроме всего вышесказанного в данной главе, для благочестивого человека речь должна стать важнейшим

---

[256] *Мишлей* 27:14.
[257] *Мишне Тора, Законы о свойствах характера*, гл. 7:4; также комментарий РаШИ к *Мишлей*.
[258] *Законы о свойствах характера*, гл.7:6; также см. комментарий РаШИ к *Пиркей Авот* 3:10.
[259] Рабби Шнеур Залман из Ляд (Алтер Ребе). *Шулхан Арух ѓа-Рав, Орах Хаим* 156:18.

инструментом влияния для построения морального общества. Самым правильным и главным на этом пути будет организовывать и поддерживать группы людей или организации по изучению морально-этических ценностей Торы и норм праведного поведения с участниками, воплощающими полученные знания в своей жизни. (Если человек обладает возможностью, то весьма похвально будет ему самому участвовать в занятиях и учить других, как призывают к этому мудрецы: «Выводите в люди как можно больше учеников»).[260] Ведь человек, приводящий многих к путям добра и истины, удостоится особой заслуги с Небес; тот же, кто приводит других к греху, лишится возможности совершить раскаяние даже в своих собственных грехах. Это правило можно продемонстрировать следующими яркими примерами:

Моше, учитель наш, будучи сам праведным, также приводил к праведности многих других людей, за что удостоился получить награду за добрые дела тех, кого он вернул на пути добра, как сказано: «...вершил он [Моше] милость Божью и правосудие его с Израилем».[261] Противоположным примером служит Йеровам сын Навата, который грешил сам и вводил в грех многих – за грехи многих он несет ответственность, как сказано:[262] «за грехи Йеровама, который грешил сам и Израиль вводил в грех...».[263]

---

[260] *Пиркей Авот* 1:1.
[261] *Дварим* 33:21.
[262] *Млахим* 1:15, 30.
[263] *Пиркей Авот* 5:17.

Глава 8

Уважение к людям, попавшим в беду; почитание родителей; почитание супруга; воспитание детей

Несмотря на то, что, в соответствии с нормами морали, необходимо оказывать уважение любому человеку, существуют люди, которых следует уважать более обычного. При этом следует либо исходить из той позиции, что таким людям более, чем остальным требуется внимание и забота, если речь идет о человеке, попавшем в беду; либо из особой обязанности человека по отношению к таким людям, если речь идет о родителях, наставниках, друзьях и родственниках, а также о тех, кто сделал человеку много добрых и хороших дел.

Мудрец или праведник, видящий попавшего в беду или инвалида, должен подумать, каким образом можно помочь такому человеку, как его поддержать, например, помочь материально, дать добрый совет, или же поднять его сломленный дух теплыми словами и повышенным вниманием, свыше того, что можно было бы сделать для помощи обычному человеку.

Каждому человеку следует относиться весьма осторожно к своим высказываниям в адрес больных и нуждающихся.[264] Запрещается говорить слова, которые могут доставить им еще большие страдания. Тому, кто потерял состояние, не следует напоминать об этом, дабы не причинять ему душевную боль. Мудрецы говорят, что особый союз заключен между

---

[264] *Мишне Тора. Законы о свойствах характера* 6:10; *Законы о подарках для бедных* 7:2; *Законы о торговле* 14:12-13,18.

Всевышним и бедняками, что Он взыщет с того, кто причинит им страдание, как сказано: «Если он возвысит свой голос ко Мне, Я обязательно услышу его вопль!»[265] Если кто-то вознамерился обидеть такого человека словом или поступком, и бедняк стал взывать о помощи к Небесам, то эта молитва будет услышана обязательно. Ведь об этом сказано так: «И будет, как возопит он ко Мне, Я услышу, ибо Я милосерден».[266]

Следует каждого приветствовать с радостью и уважением. Этим оказывается почет другому человеку и признается его важность. Если же человек не здоровается с другим (и хуже того – не отвечает приветствием на приветствие) – это может быть расценено как неуважение, как заявление, что этот другой не достоин какого-либо внимания, а ведь не может быть чего-то более обидного.

Праведный человек не должен быть неблагодарным – он должен помнить оказанное ему добро. Всякий неблагодарный человек наносит вред, в первую очередь, самому себе – ведь люди, видя его неблагодарное поведение, станут сторониться его, им будет неприятно находиться в его обществе. Подобает всегда благодарить окружающих, помня и упоминая обо всем хорошем, что они сделали для нас, и приучать себя помогать людям, попавшим в затруднительное положение.

Особенно важно быть благодарным и оказывать почет своим родителям, наряду с дедушкам и бабушками. Кроме того, мудрый человек будет также оказывать почет своим старшим братьям и сестрам.

---

[265] *Шмот* 22:22.
[266] Там же 22:24,26.

Приведем далее некоторые законы почитания родителей.

Почитать родителей заповедано в Торе,[267] как сказано: «Почитай отца своего и мать свою»,[268] а также «Бойтесь каждый матери своей и отца своего».[269] Что значит «бояться»? В данном случае – относиться с трепетом. А в чем выражается трепет? В том, что человек не должен стоять или сидеть на том месте, которое предназначено для родителей, нельзя ругаться или спорить с ними в их присутствии (по светским вопросам).[270] Кроме этого, не следует называть их по имени.

В чем выражается почитание родителей? Когда родителям становится тяжело самостоятельно осуществлять покупки, следует обеспечивать их качественной едой, питьем и одеждой (оплачивая деньгами родителей, если, конечно, у них есть такая возможность). Оказывать им всякого рода помощь, в случае необходимости, и вести себя уважительно в их присутствии. Кроме того, следует и в своей речи проявлять максимум уважения и почтения, подбирая слова таким

---

[267] Это одна из 613 заповедей для евреев. См. Рабби Менахем Мендл Шнеерсон (Любавичский Ребе). *Ликкутей Сихот.* Т. 5, стр.154. Возможно, почитание родителей является обязанностью потомков Ноаха, продиктованной разумом, так же как и обязанность оказывать благотворительность, поскольку без этого нельзя построить нормальное справедливое общество и правовую систему. Очевидно также, что для потомков Ноаха, как минимум, запрещается унижать своих родителей, поскольку это явно противоречит человеческой логике.

[268] *Шмот* 20:12.

[269] *Ваикра* 19:3.

[270] Относительно повелений и основ Торы, даже если человек уверен в своей правоте, не следует ему ожесточенно спорить и доказывать свою правоту, помня что «мягкий ответ отвращает гнев, но резкое слово приводит к еще большему гневу» (*Мишлей* 15:1).

образом, чтобы они чувствовали особое отношение к ним.[271] Проклинающий отца своего или мать свою, сердящий их и позорящий, совершает преступление, и будет наказан за это Небесами, как было с Хамом за то, что опозорил Ноаха, отца своего – Ноах проклял его навеки.[272] Поэтому даже если родители сделали человеку больно, он должен смолчать, дабы не сделать так, чтобы родители из-за него испытали чувство стыда.

Человек обязан почитать жену свою и заботиться о ее благополучии. Говорят наши мудрецы: «Благословение приходит в дом мужчины исключительно благодаря его жене».[273] Ведь если мир, любовь и преданность связывают супругов, благословение и успех наполняют их дом. По тем же причинам, супруга должна оказывать почет своему мужу.

Взаимное почитание супругов выражается в том, что они полностью разделяют друг с другом ведение домашних дел, советуются в вопросах воспитания и образования детей, и все это происходит открыто, при полном взаимоуважении и взаимопонимании.[274] Как сказано в писаниях наших мудрецов: «Кто уважаем? Тот, кто уважает других» (даже если уважение к другому основано лишь на том, что сотворен

---

[271] *Мишне Тора, Законы о бунтарях,* гл. 6.

[272] *Берешит* 9:22-25 и комм. РаШИ к этим стихам. См. также *Пиркей де-Раби Элиэзер,* гл.23, и комментарий Ибн Эзры к *Дварим* 21:13.

[273] *Бава мециа* 59а

[274] Здесь подразумевается, что оба супруга верят в Единого Бога. Если же один из супругов поклоняется иным богам или является атеистом, то партнер должен приложить все усилия к тому, чтобы уважительно и не обидев другого, настоять на том, чтобы дети получили религиозное и морально-этическое **образование в соответствии с принципами Торы для потомков Ноаха.**

он «по образу и подобию Творца»).²⁷⁵ Тем более супруги должны проявлять взаимное уважение, как находясь в обществе, так и оставаясь наедине.²⁷⁶

Даже во время интимной близости супругам следует проявлять скромность и не уподобляться животным, которые руководствуются лишь своими инстинктами. Супруги должны вести себя, как подобает людям (как мы уже объясняли ранее во второй главе «Врата служения», когда речь шла о морали, ценностях и недопустимости распутства). Даже в такой интимной обстановке речь их должна быть чиста от непристойных слов.²⁷⁷

(По сути, человеку запрещено сквернословить в любой обстановке, как дома, так и, конечно же, в общественном месте, ибо Всевышний слышит все и всегда)

Человеку не следует быть неблагодарным Творцу – напротив, следует постоянно прославлять и благодарить Его за все добро, которое Он ниспосылает, особенно за величайший из подарков – за детей!

Оба супруга несут ответственность за воспитание и образование детей, чтобы стали они достойными людьми:

---

²⁷⁵ *Пиркей Авот* 4:1.

²⁷⁶ Если один из супругов проявляет прилюдно неуважение к другому, то этим он проявляет неуважение в первую очередь к самому себе. Особенно это относится к мужчинам, которые проявляют неуважением к своим женам; этим они заслуживают неуважительное отношение к себе в глазах окружающих. Если один из супругов не может самостоятельно справиться с этой проблемой, то следует обратиться за советом к кому-либо из праведных друзей или к соответствующему специалисту в области семейных отношений.

²⁷⁷ *Мишне Тора, Законы о свойствах характера* 5:4.

шли путями Всевышнего, обладали похвальными чертами характера и привычками, правильным взглядом на жизнь и на самих себя, основанном на ценностях Торы. Следует внимательно следить за тем, чтобы дети не водили дружбу с теми, кто может негативно повлиять на них.

Родители также обязаны научить сыновей и дочерей какой-либо специальности, чтобы могли они с помощью этой специальности содержать себя в достатке и достоинстве. Мудрецы наши сказали также: «Не научить ребенка ремеслу – как будто научить его воровать».[278]

Подобает также обеспечивать материально своих детей, даже если они уже достигли возраста зрелости, дабы помочь им идти верным и правильным путем и стать финансово независимыми. Сказали наши мудрецы: «Дающий пропитание взрослым сыновьям и дочерям, которых он не обязан кормить, для того, чтобы обучить сыновей Торе и направить дочерей по прямому пути..., а также дающий пропитание отцу и матери – все это равноценно пожертвованию».[279]

Именно за такое поведение восхвалил Бог Авраѓама: «Ибо Я избрал его для того, чтобы он заповедал сынам своим и дому своему после себя соблюдать путь Господень, творя добро и правосудие; дабы Господь доставил Авраѓаму, что сказал о нем».[280] Это относится к обещаниям и благословениям, которые Всевышний дал Авраѓаму.

---

[278] Вавилонский Талмуд, Трактат *Кидушин* 29а.
[279] *Мишне Тора, Законы пожертвований бедным* 10:16.
[280] *Берешит* 18:19.

Глава 9

Благотворительность и проявление доброты

В книге «*Божественный кодекс*»,[281] мы объясняли, что потомки Ноаха обязаны давать пожертвования и проявлять милосердие, заботиться о бедных и нуждающихся, оказывая им помощь.

Тот, кто совершает благотворительность, поступает благочестиво; он поступает в соответствии с образом, по которому был сотворен, ибо таков путь Всевышнего. Говорят мудрецы: «Так же как Святой, благословенно Имя Его, называется Милосердным, так и ты поступай милосердно, как Он называется Милостивым, так и ты поступай милостиво...» Основой проявления доброты является пожертвование бедным. Если человек помогает неимущим и нуждающимся, это является красноречивым проявлением его праведности, ибо он поступает выше «буквы закона» в его отношениях со Всевышним и окружающими людьми.

Пожертвование не следует давать с огорчением или с поникшим лицом; наоборот – нужно подбодрить нуждающегося человека, выражая сочувствие его беде и утешая его теплыми словами, как сказал Иов: «Разве не оплакивал я страдальца?».[282] Ведь таково качество Всевышнего, как сказано: «Ибо так говорит Превознесенный:... (в месте) высоком и священном обитаю Я,

---

[281] Часть 1, *Основы веры*, гл. 3:8-9.
[282] *Иов* 30:25.

но с тем, кто сокрушен и смирен духом, чтобы оживлять дух смиренных и оживлять сердце сокрушенных».[283]

Если бедняк обратился за помощью, а ему нечего дать, нужно утешить его словами. Не следует кричать или ругать бедняка,[284] поскольку сердце его разбито, подавлено, и поэтому Всевышний пребывает с ним – как сказано: «Сердце сокрушенное и удрученное, Боже, презирать не будешь».[285]

Праведник, дающий пожертвование, не будет искать себе славы или почета – великим достоинством считается тайное пожертвование, ведь оно никоим образом не причиняет неудобства и смущений бедняку. Ибо нет милосердия более великого, чем оказываемое Творцом, который дает жизненность всему творению каждый миг, делая это скрыто, скрывая свое Божественное Присутствие от всех живущих получателей этого блага.[286]

Наилучшим способом проявить заботу о ближнем будет помочь ему выбраться из нищеты к стабильному образу жизни, дав ему ссуду или подарив деньги безвозмездно. В иных случаях, можно помочь мудрым советом или помощью в трудоустройстве или открытию своего дела, дабы бедняк смог восстановить свое материальное положение. Велика заслуга

---

[283] *Йешая́у* 57:15.
[284] *Мишне Тора. Законы пожертвований бедным* 10:4-5. И хотя мы не можем с полной уверенностью сказать, что подобное поведение запрещено для потомков Ноаха, но однозначно это будет свидетельством дурной черты характера.
[285] *Теѓилим* 51:19.
[286] Рабби Шнеур Залман из Ляд (Алтер Ребе), *Тания*, ч. 4 *Игерет а-кодеш*. Гл. 17.

того, кто помогает другому найти хорошую работу, которая сможет обеспечить достойную жизнь ему и его семье.[287]

Почему же такого рода помощь и забота считаются наивысшим уровнем проявления милосердия? Дело в том, что получая пожертвование и используя его на пропитание, неимущий испытывает некоторое смущение. По-другому себя ощущает тот, кто получил ссуду или с помощью кого-либо устроился на работу. Такой человек чувствует себя достойно, ведь он может вернуть ссуду, либо (в случае с работой) может сам заработать себе на пропитание. Следовательно, тот, кто проявил милосердие к ближнему таким способом, не только помог ему материально и оказал ему почет, но и уберег от чувства стыда и позора.

Проявлением милосердия и доброты также является оказание помощи мужчине и женщине найти подходящего супруга и помощь в построении крепкой семьи.

Далее мы приведем еще некоторые виды проявления доброты Всевышнего, описанные Торой.[288]

Покрытие одеждой нагих (в случае с Адамом и Хавой), посещение больных (в случае с Авраѓамом), утешение скорбящих (в случае с Ицхаком), захоронение умерших (в случае с Моше). Кроме этого, Всевышний проявлял свою заботу о нуждах молодоженов (Адам и Хава).[289]

---

[287] *Мишне Тора, Законы пожертвований бедным* 10:7.
[288] Вавилонский Талмуд, Трактат *Сота* 14а.
[289] См. Там же, Трактаты *Брахот* 61а и *Бава Батра* 75а, и Мидраш *Берешит Раба* 8:13.

Проявление гостеприимства было основной чертой и способом выражения милосердия нашим праотцом Авраѓамом. Он приглашал в свой шатер путников, идущих через пустыню, чтобы обильно накормить, напоить и, если нужно, предоставить ночлег, а затем сопровождал их в пути.[290]

Из следующего эпизода мы можем выучить, что проявление гостеприимства даже важнее, чем принятие Божественного Присутствия:[291] «И явился ему Господь... и увидел [Авраѓам]: и вот, три мужа стоят возле него. И увидев, он побежал навстречу им от входа в шатер, и поклонился до земли».[292] Авраѓам сидел, воспринимая Божественное откровение, и тем не менее, он попросил Творца подождать, дабы сбегать и пригласить путников к себе в шатер (которые, как оказалось, были ангелами в образе людей), чтобы исполнить эту возвышенную заповедь [гостеприимства].[293]

Проводить же гостя еще важнее, чем пригласить и накормить! Мудрецы сказали так: «Тот, кто не провожает гостя, как будто

---

[290] Трактат *Сота* 10б.
[291] Трактат *Шаббат* 127а.
[292] *Берешит* 18:1-2.
[293] Гостеприимство – это также одна из черт Всевышнего, которую следует у Него перенять, как объясняет Раби Йеша бар Авраам а-Леви Гурвиц (*Шла ѓа-кадош*, автор книги *Шней лухот ѓа-брит*) в комментарии к недельной главе *Вайера* (*Нер Мицва*, 2 часть): «Святой, благословенно Имя Его, распространяет Свое гостеприимство на всех гостей <...> и если бы не Его гостеприимство, проявляемое каждый момент, то все творение бы вернулось в изначальное состояние небытия. Это означает, что все населяющие Его мир являются Его гостями. Также и человек – лишь тот, кто пришел в Его дом. Мы гости в этом мире, а Всевышний пригласил нас в Свою обитель».

проливает кровь».²⁹⁴ Минимальное расстояние, которое провожающий должен пройти, сопровождая гостя, составляет 2-3 метра вне своего дома.²⁹⁵

Когда человек накрывает стол, чтобы отпраздновать какое-то радостное событие в жизни, то следует поделиться пищей со своего стола также с бедняками и неимущими в своей округе, дабы сам Всевышний присоединился к радости этого события. И напротив, закрывающий двери перед бедняками, устраивающий трапезу только для себя и своих близких, не сможет обрести истинной праведной радости, ибо такая радость сводится лишь к чревоугодничеству, весьма дурной и порицаемой черте.²⁹⁶

Каждый же, кто кормит и поит бедняков и сирот, удостаивается особой заслуги. Как только вознесет такой человек к Творцу молитву в час нужды, Он с радостью ответит на нее, как сказано: «Не в том ли, чтобы разделил ты с голодным хлеб твой и бедняков скитающихся ввел в дом? …Тогда воззовешь – и Господь ответит, возопишь – и Он скажет: "Вот Я!"».²⁹⁷ ²⁹⁸

Самым же возвышенным из добрых качеств и всеобъемлющим является качество проявления милосердия к другим.

---

²⁹⁴ *Мишне Тора, Законы траура*, глава 14.
²⁹⁵ Вавилонский Талмуд, Трактат *Сота* 45б.
²⁹⁶ *Мишне Тора, Законы о Праздниках* 6:18.
²⁹⁷ *Йешаяѓу* 58:7-9.
²⁹⁸ *Мишне Тора, Законы пожертвований бедным* 10:16.

Весьма благочестиво проявлять милосердие и доброту даже к тем, кто зависит от человека или подчинен ему. Не станет он мучить их и огорчать. Мудрецы прошлых поколение непременно угощали своих слуг яствами со своего стола и не начинали трапезы, пока не были уверены, что их слуги и домашние животные не накормлены. Такое поведение соответствует сказанному царем Давидом в *Теѓилим*: «Вот, как глаза рабов (обращены) к руке господ их, как глаза рабыни – к руке госпожи ее, так глаза наши – к Господу, Богу нашему, доколе Он не помилует нас. Помилуй нас, Господи, помилуй нас…».[299]

Праведный не станет кричать на своих подчиненных, но будет говорить с ними мягко, выслушивая их аргументы. Так вел себя Иов, как сказано: «Если презрел я право слуги моего и служанки моей, что были в тяжбе со мною – то что бы я делал, когда Бог приступит (к суду)? И когда Он спросит – то что бы я [мог] Ему ответить? Ведь Создавший в [материнском] чреве меня создал и его, и утвердил нас Один в утробе».[300] То же относится и к взаимоотношениям с окружающими и отражает то качество Всевышнего, которое следует развивать в себе, как сказано: «Добр Господь ко всякому и милосердие Его – на всех созданиях Его».[301, 302]

Мудрецы предостерегают: «Той мерой, что человек отмеряет другим – отмеряют и ему»,[303] т.е. как человек будет вести себя по отношению к себе и другим, также и Небеса будут вести

---

[299] *Теѓилим* 123.
[300] *Йов* 31:13-15.
[301] *Теѓилим* 145:9.
[302] *Мишне Тора, Законы о рабах* 9:8.
[303] Вавилонский Талмуд, Трактат *Сота* 8б, 9б.

себя по отношению к нему. Сказано это в первую очередь относительно порицаемого поведения, но также применяется это правило и в обратную сторону – к тем, кто идет путями мудрости и благочестия.

Тот, кто проявляет жалость к ближнему, удостоится жалости с Небес; тот, кто великодушно прощает другого, удостоится прощения от Всевышнего; тот, кто судит другого благосклонно, сам удостоится благосклонного суда. Подобное справедливо и в других аспектах – как сказано, мера за меру – и даже в тех случаях, когда самому человеку есть еще что исправлять в своем собственном поведении.

Раздел 6

Врата испытания

Глава 1

Почему Всевышний испытывает человека?

Праведный человек, служащий Творцу, благословенно Его Имя, знает, что часть его службы заключается в преодолении испытаний. Каждый человек служит Всевышнему по-разному, поскольку люди отличаются друг от друга своими врожденными и приобретенными качествами, жизненным опытом и пр. Поэтому у каждого человека свои испытания, отличные от других, но при этом нет человека, который бы избежал тех или иных проверок или испытаний.

Мудрецы говорят так: «Нет мудрее человека, прошедшего испытания». Иными словами, человек, прошедший то или иное испытание, становится истинным мудрецом.

Известно из различных областей естествознания, что ни одна теория, не прошедшая проверку на практике, не может считаться абсолютной и стоящей доверия – лишь применение ее на практике может определить ее истинность. Подобно этому истинность добродетелей человека, его веры и преданности Всевышнему – все это не может быть подтверждено только мыслями или словами, но лишь фактически выполненными делами, пройденными испытаниями, которые и будут являться критерием истинности. И чем больше испытаний прошел человек на своем пути, тем крепче вера в истинность его качеств. Как сказано: «То не слушай слов пророка того или сновидца того, ибо испытывает вас Господь, Бог ваш, чтобы узнать, любите ли вы Господа, Бога вашего, всем сердцем вашим и всею душою вашей».[304] Испытание очищает человека и его веру, смиряет его сердце и через это приближает к Богу. Отсюда мы видим, что, на самом деле, испытания несут огромную пользу тому, кто через них проходит.[305]

Основной частью испытания человека является вопрос, который он может себе задать: «Отчего же со мной такое произошло? Почему я попал в такую затруднительную ситуацию?» В этом и состоит суть самого испытания – верит ли человек в то, что именно Творец предопределил необходимость именно такого служения и поставил его в такую ситуацию, или же не считает себя обязанным исполнять возложенные на него в данный момент обязанности и задается уже другим вопросом: «Почему Всевышний посылает мне столько страданий?».

Говорят мудрецы: «Обязан человек благословлять Создателя за посланное им «зло» точно так же, как он благодарит Его за добро».[306] Ведь Истина в том, что все, что Всевышний творит в этом мире – добро! Как сказано: «Не из уст ли Всевышнего исходят бедствия и блага?».[307] Это означает, что Всевышний контролирует все мироздание и все сущее берет начало лишь

---

[304] *Дварим* 13:4.
[305] См. комментарий Рамбана к *Берешит* 22:1.
[306] Мишна. *Брахот* 9:5.
[307] *Эйха* 3:38.

только от Него, а значит, никакого зла, на самом деле, не существует. Восприятие того или иного события или явления как зла проистекает из ограниченности нашего разума и духовной близорукости. Истина же заключается в том, что в кажущемся *нам* зле заложено такое великое добро Творца, которое пока не может быть постигнуто, в силу ограниченности нашего разумения.[308]

По своей природе все испытания можно разделить на две категории: испытания на способность противостоять духовному злу (искушению совершить грех); и испытания физическими тяготами и лишениями:

1. Испытание на способность противостоять духовному злу проистекает от дурного начала в человеке, которое подталкивает совершить греховный поступок. Сюда же относятся испытания человека, когда он видит, что ближайшее окружение или все общество совершают запрещенные действия. И возгорается в нем желание встать в их ряды и пойти такими же запрещенными путями.

Частью такого испытания становятся вопросы: «Почему грешники и злодеи преуспевают? Почему Творец скрывает Свой Лик и не дает увидеть истину и справедливость в нашем мире? Почему мы не видим, как Всевышний награждает успехом праведников и наказывает грешников?»

Другой частью данного испытания является то, что есть много людей, достигающих почета и богатства, и при этом они не обладают знанием, как правильно и во благо использовать эти вещи, а вместо этого, используют их на что-то недостойное.

---

[308] Рабби Шнеур Залман из Ляд (Алтер Ребе), *Тания*. ч. 1, гл. 26.

2. Вторая группа испытаний – это испытания жизненными трудностями: нехватка средств к существованию, проблемы со здоровьем или потеря близких, природные катастрофы и другие всевозможные виды проблем, с которыми может столкнуться человек

Эти испытания весьма трудны, и в сердце человека пробуждается вопрос: «Почему это случилось со мной?»

Когда человек сталкивается с трудностями во время прохождения испытания, весьма сложно противостоять своей природе и сохранить стойкость в своей вере и уповании на Творца, ибо дурное начало наверняка станет задавать вопросы о том, правильным ли путем идет человек в своем служении Творцу? Более того, сами беды и страдания ослабляют силы, и становится еще сложнее сохранять здравость рассудка и крепость веры.

На самом же деле, посылая человеку испытания, Творец истинно и искренне желает лишь возвысить человека! Для наглядной иллюстрации этого правила есть ли более яркий пример, чем жизнь Авраѓама? Человек, который самостоятельно пришел к вере в Единого Бога и затем провел годы в борьбе со всем миром, отстаивая свои убеждения и веру в Творца Вселенной, доказывая ложность и никчемность идолопоклонства. И вот, такому великому праведнику из праведников, было послано десять суровых испытаний! И он с достоинством выстоял их все, и через эти испытания Всевышний показал как велика Его любовь к Авраѓаму.[309]

---

[309] Мишна, *Пиркей Авот* 5:3.

Кто-то может ошибочно сказать в своем сердце: «Возможно, я недостоин и непригоден к исполнению того служения, которое требует от меня Всевышний и за это я и получаю всяческие беды и страдания!» Такому человеку следует вспомнить Авраѓама, о котором свидетельствовал сам Святой, благословенно Его Имя, говоря о его небывалой праведности, доброте и чистоте сердца, но несмотря на все это, пославший ему десять грозных и горьких испытаний!

Следует понимать, что именно благодаря этим испытаниям Авраѓам удостоился достичь таких духовных высот, к которым он никогда бы не пришел собственными усилиями. Творец же, по безграничной любви к Авраѓаму, с каждым новым испытанием возносил его все выше и выше над материальной ограниченностью и человеческим естеством, направляя к совершенству поведения перед лицом великой опасности. Этими испытаниями Всевышний показывал Авраѓаму и всем нам, насколько истинна и крепка была его вера в Бога, твердо следовать повелениям Творца на всех жизненных путях.

Рамбам перечисляет десять испытаний Авраѓама, как следующие жизненные ситуации, в которых он оказывался (имя его было Аврам, пока Всевышний не изменил его, как сказано в *Берешит* 17:5):[310]

1. Повеление покинуть свою страну, как сказано: «И сказал Господь Авраму: уйди из земли твоей, от родни твоей, из дома отца твоего в землю, которую Я укажу тебе».[311]

---

[310] Комментарий Рамбама к *Пиркей Авот*, там же.
[311] *Берешит* 12:1.

2. Голод в Земле Кнаан, куда направил Аврама Всевышний, как сказано: «И был голод в той земле».[312] Творец, благословенно Его Имя, пообещал Авраму: «И Я произведу от тебя великий народ...»,[313] однако он оказался в ситуации прямо противоположной обещанному: ведь Аврам в результате голода пострадал и обеднел в стране, в которую привел его Всевышний, и стало это для него огромным испытанием.

3. Притеснение от египтян, перенесенные Аврамом, когда они забрали его жену Сарай (позднее Всевышний изменит ее имя на «Сара») и передали фараону. «И увидели ее [Сарай] вельможи фараона, и похвалили ее фараону; и взята была эта женщина в дом фараона».[314]

4. Война Аврама против четырех царей, которые забрали в плен его племянника Лота.[315]

5. Согласие последовать совету Сарай взять в жену ее служанку Агарь, из-за продолжающейся бездетности Сарай,[316] несмотря на обещание Всевышнего дать ему детей в столь преклонном возрасте.[317]

6. Обрезание в возрасте 99 лет, по повелению Всевышнего.[318]

7. Притеснение, испытанное от филистимского царя Авимелеха, забравшего у него жену Сару.[319]

---

[312] Там же, 12:10.
[313] Там же, 12:2.
[314] Там же, 12:15.
[315] Там же, 14:14-15.
[316] Там же, 16:1-3.
[317] Там же, 15:4.
[318] Там же, 17:24.
[319] Там же, 20:2.

8. Повеление Творца исполнить требование его жены Сары и изгнать в пустыню наложницу Агарь вместе с сыном Ишмаэлем, которого она родила ему.[320]

9. Исполнение воли Творца в отдалении от сына Ишмаэля, несмотря на отцовскую любовь к нему, как сказано Всевышним: «Не огорчайся ради отрока».[321] Этот стих объясняет, насколько тяжело Авраѓам переживал из-за этого («И показалось это Авраѓаму весьма прискорбным из-за сына его»). Однако он беспрекословно исполнил повеление Творца и изгнал Агарь и Ишмаэля.

10. Безотлагательное и безропотное исполнение повеления Творца, привести и связать, в качестве жертвоприношения, возлюбленного сына своего, Ицхака.[322]

Очевидно, что несмотря на величайшую праведность Авраѓама и его глубочайшую веру и упование на Творца, пришлось ему пережить множество таких тяжелых испытаний, которые не смог бы преодолеть средний человек. Отчего же Всевышний так сурово испытывал Авраѓама? Этим Создатель выражал свою любовь [к нему]. Иными словами, Он хотел показать всему миру, но, прежде всего, самому Авраѓаму, насколько тот близок ко Всевышнему, прилеплен к Нему всеми своими силами пред лицом тяжелых испытаний. И тем самым Авраѓам доказал свою глубочайшую веру и преданность Господу, Богу своему, преодолев с достоинством все тяготы и лишения, повстречавшиеся на жизненном пути.

---

[320] Там же, 21:10-12.
[321] Там же, 21:12.
[322] Там же, 22:10-12.

Глава 2

Беды и страдания, выпадающие на долю отдельного человека или всего общества

Так пишет Рамбам в *Законах о постах*: «Когда приходит беда, люди должны возносить молитвы Всевышнему, прося о спасении, должны понимать, что все, что Творец посылает им, происходит от их злодеяний. Раскаяние же и молитва – вот что спасет народ и убережет от бед.

Однако в случае, если не вознесут люди молитвы к Творцу, а скажут, что все это дело случая от природы мироздания, тем самым совершат они еще один грех вдобавок к содеянным преступлениям».[323]

Что это за еще один грех, на который указывает Рамбам? Не веря в то, что беды были посланы Творцом, как знак Свыше, люди воспринимают действия Творца случайными и как, следствие, жестокими (Боже упаси), и отрицают Истинность Его путей (несмотря на множество подробных объяснений пророков на страницах Святого Писания). Поэтому, по принципу мера за меру, такое общество заслуживает дополнительных страданий, как наказание за этот грех.

Беды, посылаемые целому народу, проистекают от греха всего народа. К примеру, некое общество может принять как норму поведения какое-либо серьезное нарушение Божественного Закона или аморальное поведение, которому следует большинство в своей повседневной жизни. Вот некоторые

---

[323] *Мишне Тора, Законы о постах.*

примеры, которые мы можем встретить в Торе: поколения Потопа и строителей Вавилонской башни;[324] города Содома и Гоморры во времена Авраѓама;[325] город Ниневия во времена пророка Йоны;[326] и Земля Израиля во времена пророка Йоэля.[327]

Если народы признают свои злодеяния, совершают коллективное раскаяние и перестают совершать нарушения, которые привели их к суровому приговору, то Всевышний прощает их и отводит от них беды, как это было с жителями города Ниневия.[328]

Но не так обстоят дела с бедами и страданиями, посланными отдельно взятому человеку. Когда Всевышний, по своей великой мудрости и воле посылает человеку те или иные страдания, то если человек начинает усердно молиться, предаваться раскаянию и исправлять свои пути, и в особенности, если за него возносят молитвы другие – то, возможно, Творец по своей великой милости отведет от него беду и избавит от мучений. Однако возможно также, что Всевышний, по Своей великой и непостижимой мудрости, постановил об этих страданиях твердо и неотвратимо, и тогда не смогут помочь никакие молитвы, даже если в них человек достигнет предела своих возможностей.[329] И даже если

---

[324] *Берешит* 6:1-7 и 17:1-9.

[325] Там же 18:20-21.

[326] *Йона* 1:1-2.

[327] *Йоэль* 1:1-7.

[328] *Йона* гл. 3.

[329] И хотя в данной ситуации нет у человека возможности на духовном уровне изменить вынесенный ему Небесный приговор, но существует возможность обратиться к человеку выдающейся праведности (*цадику*), находящемуся на гораздо более высоком духовном уровне, чтобы тот

молитвы человека не удовлетворяются Небесами в полной мере, тем не менее, Создатель может смягчить свои приговоры и уменьшить, тем самым, страдания и беды. Несмотря на это, в обязанность человека вменяется улучшать свое поведение, предаваться раскаянию и молитве, чтобы Всевышний проявил к нему Свое милосердие и спас от беды, потому как, в любом случае, главной целью человека является приближение к Творцу через свое служение, которое, в конечном итоге, принесет человеку благо. Награду от такого служения человек может удостоиться получить или в этой физической жизни, или уже после смерти, в духовных мирах. В то же время, принятие страданий с верой в то, что и в них заложено благо, позволяет искупить совершенные преступления. Таков фундаментальный принцип, которым руководствуется Всевышний, посылая те или иные беды и страдания, чтобы очистить душу человека,[330] и, хотя человек в подобные моменты испытывает боль и страдание, осознание этого придает силы выстоять перед лицом испытаний и при этом оставаться благодарным Творцу за предоставленную возможность искупить часть своих грехов.

Чтобы понять эту идею на простом уровне, посмотрим на функцию физической боли в момент травмы или болезни. Если бы человек не испытывал боль, тогда бы он и не узнал о том, что получил травму или заболел, и тогда не смог бы приступить к соответствующему лечению или профилактике, целью которых является исцеление и защита своей жизни. Весь смысл подобного устройства человека не в том, чтобы он

посмотрел на ситуацию в более широкой перспективе и благословение которого может так или иначе повлиять на Небесный приговор и отвести беду.

[330] *Теѓилим* 89:31-35.

испытывал боль и страдал, Боже упаси, без какой-либо возможности исправиться и излечиться. Суть в том, что боль выполняет функцию «звоночка», который оповещает о том, что тело нуждается в лечении. Точно такую же функцию «духовных звоночков» выполняют страдания и беды, посылаемые Свыше, дабы пробудить к беспристрастному анализу своего поведения и поступков, чтобы встать на путь исправления и раскаяния, ибо в этом состоит желание Творца – приблизить к Себе человека путем веры и исправления.

Жизненные трудности также выполняют функцию проверки духовного уровня человека. Они могут быть посланы Свыше, чтобы испытать насколько человек любит и уважает Творца и насколько глубоко его доверие к Нему перед лицом трудностей и невзгод (как было сказано выше о десяти испытаниях Авраѓама). Для понимания сути этого назначения страданий важнейшим источником может стать книга Иова, уроки которой необходимо хорошо выучить и усвоить. Понимание того, что проблемы и страдания в жизни приходят от Всевышнего и несут добро даже тогда, когда Божественный смысл происходящего остается скрытым от постижения, дает человеку силы выстоять и не отчаяться, но, кроме того – и это даже важнее – позволяет духовно возрасти и раскрыть в себе доселе неизведанные внутренние ресурсы и возможности.

Упование и вера в то, что все происходит от Создателя, Который творит только добро, и что Он не оставляет человека даже в самый трудный час, помогает преодолевать тяготы и лишения более спокойно. (Сам факт, что люди в мире еще испытывают боль и страдание, указывает на то, что Божественное Присутствие, Шхина, испытывает страдание вместе с нами, пребывая во временном духовном изгнании, пока не будет восстановлено место ее пребывания, Святой Иерусалимский Храм).[331] И когда человек во время беды осознает свою связь с Божественным Присутствием, он сможет отнестись к этой ситуации с радостью – как сказано: «Счастлив человек, которого Ты наказываешь».[332] И поскольку он знает, что все только от Всевышнего и, в конечном счете, предназначено ради его блага, которое он удостоится получить в этой жизни или после нее, эта радость меняет восприятие боли и трудностей, что и является, на самом деле, истинным добром, будучи одной из многочисленных частичек Изначального Добра.[333]

Талмуд[334] рассказывает историю о Нахуме, человеке по прозвищу «*Гамзо*», который имел обыкновение, что бы с ним ни случилось (даже в случае беды и несчастья), говорить «*гам зо ле-това*» (*с иврита:* «И это тоже к лучшему»). Этот праведник твердо верил и знал, что всякое деяние Всевышнего по отношению к нему происходит только ради его блага, даже если порой казалось, что налицо очевидная неприятность. И такая вера чудесным образом обращала все

---

[331] Это последнее и окончательное духовное изгнание (*галут*) было вызвано грехами, и когда грехи будут искуплены и исправлены, немедленно придет праведный царь Машиах и отстроит Святой Храм Бога, да случится это как можно скорее, в наши дни. И с того момента: «В те дни не будет ни голода, ни войн, ни зависти, ни соперничества, ибо блага земные будут в изобилии, и всевозможных яств будет столько, сколько есть на свете праха земного. И весь мир будет занят только познанием Всевышнего» (Рамбам. *Мишне Тора. Законы о царях*, 12:5)

[332] *Теѓилим* 94:12 и также 51.

[333] Рабби Шнеур Залман из Ляд (Алтер Ребе), *Тания, Игерет а-кодеш* (*Тания*, ч. 4), гл. 11, стр. 117.

[334] Вавилонский Талмуд, Трактат *Таанит* 21а.

неприятности и проблемы, которые выпадали не его долю, к добру![335]

Даже если человек не в состоянии принимать страдания и боль с радостью (ведь для этого необходим поистине высочайший духовный уровень, подразумевающий великую чистоту души), тем не менее, у каждого есть способность на уровне сознания поразмыслить о том, что в этих страданиях, несомненно, содержится добро для него (даже в том случае, когда его уровень пока не позволяет увидеть, в чем именно состоит для него добро). Эта идея сама по себе уже помогает укрепиться, несмотря на трудности, позволяя легче их преодолеть, вопреки природной склонности ощущать себя при этом иначе.

Следует знать: все, что посылает человеку Творец, посылает лишь ради его блага. Точно так же и желания, пробуждаемые дурным началом, направлены к добру. Дурное начало, которое пытается соблазнить совершить проступок, не является внутренней сущностью – оно, скорее, как злой дух, вселяющийся в человека, чтобы испытать его.[336] (Подобная форма нашего существования началась с момента искушения

---

[335] Однако однажды случилось, что такой великий праведник и мудрец не успел накормить вовремя страждущего бедняка, который, не дождавшись еды, умер от голода. И тогда мудрец выпросил Небесный приговор, чтобы перенести невероятные болезни и страдания, ради того, чтобы искупить свой проступок. Его ученики были просто шокированы величиной страдания и тем положением, в котором оказался их учитель, но он сказал им чистосердечно: «Горе мне (было бы), если бы не увидели вы меня в таком положении, ибо только эти страдания смогут искупить мой проступок».

[336] *Тания*, ч. 1, гл. 8: «Злое начало и сила, влекущая человека к запретным вещам – это демон...»

и падения Адама и Хавы в день их сотворения в Эденском Саду, в соответствии с планом Творца).[337]

Человеку выгодна борьба с дурным началом, ради обретения контроля над этими силами, ибо в этой борьбе раскрываются внутренние, прежде скрытые, силы и изначально присутствующий в нем образ Бога. В таких непрекращающихся боях человек удостаивается стать преданным служителем Творца, благословенно Имя Его, как солдат, самоотверженно сражающийся на поле боя, ради защиты и любви к своей родине. Только путем объявления войны дурному побуждению возможно пробудить свои внутренние силы и возопить к Творцу, моля Его о помощи и, тем самым, стать еще ближе к Нему, как мы объясняли выше, говоря об испытаниях Авраѓама.[338]

В книге Зоар[339] приводится притча о злом начале, где говорится о царе, приказавшем самой красивой и искусной блуднице попытаться соблазнить его сына, принца. Таким образом царь пожелал выяснить, сможет ли его сын устоять перед соблазном, будет ли он достаточно крепок духом, удастся ли ему контролировать свои желания; или же сын царя слабохарактерен, легкомыслен и с легкостью соблазняется на всякие глупости. Сама блудница знает о том, что ее задача – во что бы то ни стало соблазнить принца, но

---

[337] Мы учим из Мидраша *Берешит Раба* 9:7, что в конце Шестого дня творения, когда «увидел Бог все, что Он создал, и вот хорошо весьма» (*Берешит* 1:31), «хорошо» – относится к доброму началу, а «хорошо весьма» – к дурному началу, поскольку «если бы не дурное начало, никто бы не строил дома, не рожал детей и не занимался торговлей».

[338] См. Рабби Шнеур Залман из Ляд (Алтер Ребе), *Ликкутей Тора, Бемидбар* 61б, *«Ваяас Моше»*; *Тора Ор* 8б, *«Маим рабим»*.

[339] *Зоѓар, Шмот* 163а.

царь строго настрого запретил ей раскрывать свою миссию и велел исполнить все в точности. Однако в сердце своем она знает правду и очень хочет, чтобы принц устоял и не соблазнился, чтобы она и принц нашли расположение в глазах царя. Ведь она знает: если принц устоит и докажет этим свою праведность, она же при этом станет со-причиной истиной радости и удовольствия для царя.

Подобным образом ведет себя дурное начало, помещенное в сердце человека, дабы испытать его. Но силы нечистоты, обитающие в духовных измерениях из которых они были взяты, прекрасно знают истину: их внутреннее предназначение, согласно плану Творца, будет реализовано в том случае, когда человек преодолеет свое влечение к запрещенному и научится очищать и перенаправлять свои желания в сторону совершения в этом мире добрых дел, исполняя волю Творца.

Глава 3

Отношение к страданиям, причиненным человеку другими людьми;
Отношение к страданиям других людей

Испытанием является также страдание, причиненное человеку окружающими. Проклятия, побои, гнев, пренебрежительное к нему отношение и тому подобные проявления вражды, доставляют немало бед и горестей.[340]

В предыдущей части («Врата добродетелей», гл. 6) мы уже говорили, как должно вести себя праведному человеку по отношению к своим обидчикам. В этой главе мы обсудим эту тему подробнее.

Праведному человеку подобает не только не мстить, но следует вглядеться в сущность своего обидчика и ситуацию, в которой тот находится. Когда кого-то обидели неприятным словом, то, возможно, обидчик находился в плохом расположении духа и, на самом деле, не желал никого обидеть и причинить зло, а слова его – не что иное, как результат внутренних страданий и боли его собственной души. Царь Шломо так говорил об этом: «Кроткий ответ отвращает гнев,

---

[340] Все, что будет сказано в данной главе, не отрицает необходимости и права защищать себя и свое доброе имя и имущество от любых попыток других людей причинить вред или оказывать давление. Здесь мы объясняем понимание того, что все происходит лишь по воле Творца; кажущиеся нам неприятности спускаются со скрытых уровней Великого Добра, и могут быть предназначены для испытания или содержать в себе некое послание от Творца.

но резкое слово возбуждает ярость».³⁴¹ Когда праведный человек сфокусируется на мысли о том, что обидчик и сам, несомненно, испытывает страдания, то в его сердце возникнет желание найти способ помочь ему избавиться от части проблем. И такова визитная карточка праведного человека: он устремлен к исправлению всего неправильного, не оставляя нерешенных проблем, и, конечно же, не усугубляя то, что есть, Боже упаси. Но даже если он промолчит и ничего не ответит обидчику, ему все же следует задуматься, для чего он оказался в этой ситуации и какое сообщение Творец ему посылает. Очевидно, что данное событие было устроено Божественным Провидением и причина может быть в том, что существует возможность каким-то образом помочь обидчику или направить его на путь Истины.

Однако иногда праведнику становится понятно, что перед ним злодей, обладающий самыми скверными качествами; что грубость и проклятия являются следствиями его злой натуры. По этому поводу сказал Царь Шломо: «Не отвечай глупцу по глупости его, чтобы и тебе не сделаться подобным ему».³⁴² В таких случаях праведнику лучше промолчать и ничего не ответить. В этом и будут состоять пути праведности, когда человек решит быть лучше среди преследуемых, а не среди преследователей, среди сносящих обиды, а не обижающих.³⁴³ Главное – не подливать масло в огонь конфликта, осознавая, что ситуация произошла исключительно по воле Всевышнего, и задуматься над ее назначением.

---

³⁴¹ *Мишлей* 15:1.
³⁴² Там же 26:4.
³⁴³ *Мишне Тора, Законы о свойствах характера* 5:13.

Праведник должен понимать, что всякая нежелательная, на первый взгляд, ситуация, в которой он оказался, произошла по воле Творца. И совсем не имеет значения, явилась ли она результатом естественных причин, как то – болезни или сил природы, или такая неблагоприятная ситуация была вызвана действиями какого-либо индивида. Ведь Создатель, благословенно Его Имя, ежесекундно дарует жизнь всякому творению, в том числе и человеку, ставшему источником конфликта. И хотя оскорбляющий наделен свободой выбора, (и выбрав причинить зло, он будет наказан за такой выбор Всевышним, если не раскается в своем поступке), в любом случае, человеку, которому нанесли ущерб, предречено было на Небесах этот ущерб получить.

Известна история, приключившаяся с Царем Давидом, спасавшимся из Иерусалима от руки своего сына Авшалома, когда он встретил по дороге Шими бен Гера, который стал проклинать царя, и тогда: «сказал царю Авишай сын Церуи: зачем ругает этот мертвый пес господина моего царя? Позволь, пойду я и сниму с него голову. И сказал царь: Что вам до меня, сыны Церуи? Пусть он ругает, верно, Господь повелел ему: "Ругай Давида!" Кто же может сказать: "Зачем ты так делаешь"?»[344]

Ясно, что Всевышний не говорил открыто с Шими и не велел ему проклинать Давида, но мысль об этом, зародившаяся в сознании Шими, безусловно, пришла к нему с Небес, «по дуновению из уст Творца». Ведь Он дает жизнь всему миру и управляет всеми деталями и частностями Бытия, включая и жизненные силы Шими в тот момент, когда он произносил

---
[344] *Шмуэль II*, 16:9-10.

слова проклятия в адрес Давида. И не будь этого «дуновения из уст Бога», Шими никогда бы не сказал ничего подобного. Поэтому, очевидно, что в тот момент Господь дал возможность Шими поступить по собственному желанию и проклясть Давида.[345] Понимая это, царь Давид не стал принимать обвинения как что-то личное, но постарался увидеть в этом некую цель, раз такова была воля Бога, и потому он так сказал: «Может быть, увидит Господь унижение мое и воздаст мне Господь добром за нынешнее его [Шими] злословие».[346]

К путям праведности, несомненно, относится сопереживание и проявление милосердия к тем, кто попал в беду и испытывает страдания. Неверно прятаться и избегать друга, видя, как он испытывает боль; очевидно, что такое поведение весьма далеко от праведности.[347]

Следует выучить урок, из примера друзей Иова, как не следует относиться к страданиям близких во время испытаний их веры и упования. Когда они услышали, что болезни и беды сразили Иова, то изначально они пожелали прийти и разделить с ним боль и поддержать его дух в меру своих возможностей. (Поскольку это естественно для друзей сопереживать беде и страданию своего друга, стараясь поддержать и помочь ему). Но в случае с его друзьями, трое с этим не справились,[348] и вместо этого стали говорить обидные слова, лишенные мудрости – как сказано: «Они не нашли что

---

[345] Рабби Шнеур Залман из Ляд (Алтер Ребе), *Тания. Игерет ѓа-кодеш*, стр. 276.
[346] *Шмуэль II*, 16:12.
[347] Вавилонский Талмуд, Трактат *Брахот* 12:2.
[348] *Иов* гл. 32.

ответить и стали осуждать Иова». Слова четвертого хотя и были мудры, но были произнесены с гневом и на повышенных тонах.

Следует помнить, что целью визита близких во время болезни или расстройства должна быть явная поддержка и молитва, дабы пробудить милосердие Творца помочь справиться с тяжелой ситуацией. Кроме того, следует постараться помочь найти выход из сложившегося положения и дать добрый и мудрый совет или предложить план действий, как помочь самому себе справиться со своим состоянием, изменив отношение к ситуации и исправляя поведение и поступки.

Глава 4

Испытание грустью[349]

В разделе «Врата служения» (глава 3), мы уже говорили о великой важности служения Всевышнему в радости, а также о колоссальной роли самой радости в жизни человека. Напротив, грусть – тяжелое, недоброе качество, которое мешает служить Творцу и добиваться успеха на жизненном пути. Чаще всего грусть происходит от козней злого начала. Поэтому просто необходимо отходить как можно дальше от грусти, осознавая, что не грустью вымощен путь к Всевышнему, а напротив – радостью; и что грусть помогает злому началу сразить человека наповал, используя различные ухищрения и страсти этого мира.

Прежде всего, следует оглядеться и поискать источник грусти. Если исходит грусть от материальных трудностей, то пусть вспомнит человек и повторит сказанное нами в части, основанной на изречении Царя Давида:[350] «Счастлив человек, которого Ты наказываешь» – ведь страдания приходят от Него и обязательно с какой-то определенной целью, несмотря на то, что цель эта может быть сокрыта от человеческого понимания. Понимая это, человеку становится легче принять и преодолеть все трудности, выпавшие на его долю, как это объяснялось ранее.

Источником грусти могут стать трудности духовного состояния человека, которому не удается справиться со своим злым началом, или который уже совершил несколько грехов,

---

[349] По книге *Тания*, гл. 26 и 31.
[350] *Теѓилим* 94:12. См. также *Теѓилим* 51 на эту тему.

и теперь сердце его терзается и не находит себе места. В таком случае необходимо проследить, каким образом пришла грусть, и тогда станет ясно, что она – не что иное, как продолжение злого начала, которое заставило его согрешить: повергнув в грех, оно объявляет войну спокойствию, ввергая человека в безграничное отчаяние и подчиняя его своей злой воле.[351] Поведение злого начала подобно поведению воюющих народов, каждый из которых, кроме физической войны, ведет войну психологическую, пытаясь убедить противника, что у него нет никаких шансов, что война уже проиграна, с тем, чтобы подавить его морально, чтобы у него опустились руки, и он бы добровольно сдался без боя.

Так сказал царь Давид в Теѓилим: «Мудрее врагов моих делает меня заповедь Твоя».[352] Иными словами, необходимо изучить образ действия врага, чтобы понять его слабости, с помощью чего можно будет одержать над ним победу.[353]

Если злому началу так важно повергнуть человека в грусть и уныние, человеку следует поверить в то, что у него есть силы преодолеть это состояние, ибо Творец никогда не испытывает человека тем, что он бы не смог преодолеть. И первым шагом на пути к победе станет вера, радость и доверие Всевышнему, который всегда даст ему возможность поступать правильно.

---

[351] Другим проявлением дурного начала может стать убежденность человека в собственном совершенстве (что он уже *цадик*) и, следовательно, не нуждается в таком виде служения Всевышнему, как исправление своих качеств.

[352] *Теѓилим* 119:98.

[353] Следует относиться к своему дурному началу, как к врагу, и стараться не быть обманутым, чувствуя симпатию или милость к дурным и неправедным желаниям, которые Творец посылает человеку, чтобы испытать его.

Человеку следует осознавать, что Всевышний, благословенно Его Имя, не отчаялся и не махнул на него рукой, а все еще надеется, что тот вернется к Нему с полным раскаянием и станет праведным человеком. Это придаст человеку сил исправиться и изменить ситуацию. И это вернет ему радость в сердце, чтобы с новыми силами устремиться к исправлению своих путей. Такое осознание – сильнейшее оружие в борьбе со злым началом: **«Если Всевышний все еще верит в меня, значит, я чего-то да стою, и смогу сделать еще больше добрых и хороших дел!»**

Грусть и отчаяние, которые проистекают от злого начала, впервые были проявлены в этом мире в результате совершенного людьми злодейства. Так произошло с Каином, когда тот увидел, что жертвоприношение его не было принято Господом, тогда как жертвоприношение Ѓевеля Бог принял. Всевышний советовал ему не сдаваться в этом испытании – как написано:

«И сказал Господь Каину: отчего досадно тебе? и отчего поникло лицо твое?», иными словами, почему тобой овладела грусть?! «Ведь если станешь лучше, прощен будешь, а если не станешь лучше, то у входа [к твоей могиле] грех лежит, и к тебе влечение его,» [т. е. дурное начало желает, чтобы ты согрешил, и потому сначала постарается расстроить или огорчить тебя, а затем будет стараться навести на тебя грусть, от которой уже один шаг до отчаяния]. «Но [если ты искренне постараешься, то сможешь справиться и] ты будешь господствовать над ним» [т. е. ты, а не твое дурное начало, руководишь своим телом и своими поступками].[354]

---

[354] *Берешит* 4:6-7.

Отсюда мы учим, что по силам человеку преодолеть такое состояние и не впасть в отчаяние. Но если человек упустит момент и не постарается, как следует, в самом начале, как только грусть или разочарование начинают проявляться, то падет человек жертвой козней злого начала; ему вновь удастся ввести человека в грех (как и случилось, когда Каин не внял словам Творца, не избавился от грусти и зависти и, в результате, пал жертвой еще большего греха, убив Ѓевеля).

Надо сказать, что грусть, возникающая в результате жизненных трудностей или от отсутствия видимого результата в духовных или материальных стараниях, имеет все же один небольшой положительный аспект. Выражается он в том, что грусть может трансформироваться в состояние горечи от осознания того, что человек самостоятельно создает пропасть между собой и Творцом, становясь жертвой погони за мирскими соблазнами этого мира, которые становятся сродни настоящему идолопоклонству. Такая горечь способна породить в сердце чувство ненависти к суетности и бесцельности такой жизни, выраженной в бесконечной погоне за удовлетворением телесных желаний и устремлений к почету и власти.

Но следует быть осторожным и не увидеть в этом конец собственному «Я». Важно использовать эту горечь по назначению, чтобы она пробудила сердце человека и породила в нем новые силы, желание и веру (но никак не привела его к состоянию депрессии, отчуждения и безразличия и, как результат – к духовной смерти). Такое пробуждение должно привести к твердому решению отказаться от проторенной стези погони за почетом и мирскими страстями. И когда это решение уже принято, следует весьма удалиться от состояния грусти и горечи в душе. Следует снова стремиться к обретению радости в сердце от возвращения на пути Истины под «крылья *Шхины*». (Такое описание мы встречаем в *Свитке Рут* 2:12; см. комментарий Раши к *Берешит* 12:5).

В дальнейшем следует регулярно напоминать себе, что чем большее место в душе занимают удовольствия и соблазны этого мира, тем меньшее место остается для истинной радости от ценностей духовных. И когда человек познает в сердце горечь от удаленности от Творца, в силу своей привязанности к наслаждениям этого мира, тогда это чувство «разобьет» его сердце и очистит от порабощения. А разбитое сердце и есть то состояние, когда человек удостаивается воспринимать радость от Истины Творца через веру и упование на Него и от результатов добрых дел, которые он сможет совершить, следуя этими путями.

Раздел 7

Врата Раскаяния и принципы награды и наказания Свыше

Глава 1

Постижение идеи раскаяния перед Творцом

Каждый человек обязан регулярно вспоминать и исследовать свои поступки, проводить беспристрастный учет своим деяниям, дабы убедиться в том, что ведет себя правильно и достойно в глазах Творца. И если станет ясно, что он нарушил одну из Семи заповедей или совершил иное нечестивое деяние, от совершения которого предостерегает разум и общечеловеческая мораль, следует ему искренне раскаяться о случившемся, и исправить свои пути и поведение. Следует принять твердое решение о том, что с настоящего момента и впредь, будет он вести себя иначе – так, как должно честному и порядочному человеку, не нарушая более заповедей Творца, переданных людям для исполнения.

В этом смысле, раскаявшийся человек – тот, кто меняет свое поведение и возвращается к правильному служению Всевышнему. При этом следует искренне попросить Создателя простить прошлые нарушения. И этот процесс возвращения на пути праведности в жизни каждого называется *раскаянием*. В иврите термин называется *тшува* и переводится буквально как «возвращение» (к Богу).

Не следует представлять, что нет никакой возможности исправить то, что было содеяно в прошлом – ведь может человек подумать: раз совершал он многочисленные нарушения, то уже никак не сможет стать праведным и угодным Творцу. Такое суждение неверно, ибо Всевышний добр и милосерден, Он ждет возвращения раскаявшихся на праведную дорогу; ждет, когда они исправятся, чтобы принять их в добрые объятия Милосердного Отца. Тех же, кто полностью раскаялся в содеянных проступках, кто уже принял на себя Бремя Царства Небес и Заповедей Всевышнего, Он прощает великодушно и милосердно, не наказывая их за прошлые грехи.

Постижение идеи раскаяния и тех великих достижений, к которым может прийти идущий этим путем, может пробудить в человеке желание возлюбить Творца всем сердцем и возжелать близости к Нему.

Бог создал человечество и каждого отдельного человека. Ему прекрасно известны особенности всех людей и уникальные характеристики каждой личности. И как все в творении было сотворено по Его воле, точно также в человека было помещено «дурное начало», побуждение к совершению нарушений. Таким образом, возможность грешить, как на уровне мыслей и желаний, так и на уровне поступков изначально встроена в человеческую сущность. Из этого также следует, что Творец наделил человека способностями и силами исправлять и улучшать самого себя, идя путями должного раскаяния, примерами которого изобилует Писание, как в отношении евреев, так и неевреев.

И пусть не думает человек, что Создатель пытается противоборствовать или строить ему козни. Напротив, Всевышний, благословенно Его Имя, любит каждое Свое создание, от мала до велика – ведь все создано во Славу Господа, и если бы Он не любил нас, и не желал нам блага, то и не воссоздавал бы ежемоментно все творение. Бог милосердный, любя свои создания, желает им лишь добра. Посылая человеку испытания, Он выражает тем самым свою любовь и участие в его жизни. Иногда же единственный путь приобретения ценного опыта лежит лишь через ошибки – поэтому Всевышний даровал человеку возможность учиться на ошибках, а затем, исправляя их, вставать на праведную дорогу и достигать высот. Это ли не является милостью Творца во всей своей красе и великолепии; это ли не доказательство великой и истинной любви Господа к нам, людям?

Эффективность искреннего раскаяния, как противоядия от прошлых грехов и злодеяний, раскрывается нам в книге пророка Йоны, повествующей о жителях древнего города Ниневии: «И было слово Бога к Йоне сыну Амитая: "Встань, иди в Ниневию, город великий, и пророчествуй о нем, ибо злодейство их дошло до Меня"… И начал Йона ходить по городу… и провозглашал, говоря: "Еще сорок дней – и Ниневия опрокинется!"… И поверили жители Ниневии Богу… И провозгласили и сказали в Ниневии от имени царя и вельмож его так: … «Пусть покроются вретищем люди и скот, и воззовут к Богу с силой, и пусть отвратится каждый от злого пути своего и от насилия рук своих..." И увидел Бог дела их, что они отвратились от злого пути своего, и пожалел Бог о бедствии, о котором сказал, что наведет на них, и не навел».[355]

Подобно этому Всевышний обратился к Каину, когда тот замышлял зло против брата своего: «Ведь если станешь лучше, прощен будешь...».[356] В этом совете Творца, обращенном к Каину, содержится вневременной урок на все поколения о том, что возможность раскаяться и исправить свои пути есть у каждого человека. И в любое время и при любых обстоятельствах, если человек захочет и примет решение исправиться и вернуться к Творцу, Тот простит его злодеяния.

---

[355] *Йона* 1:1-2, 3:4-10.
[356] *Берешит* 4:7.

Глава 2

Достижение полного раскаяния [357]

Человек на протяжении всей своей жизни способен меняться к лучшему и совершать раскаяние. Это поступательный процесс – иногда шаг за шагом, постепенно, Творец прощает человеку его прегрешения. В то же время, нужно знать, что существуют уровни в глубине и искренности раскаяния каждого человека, которые влияют на степень принятия его Творцом. Как более значительное доброе дело влечет за собой более щедрую награду по сравнению с добрым поступком меньшей значимости (по оценкам Всевышнего), точно так же, более искреннее и глубокое раскаяние удостаивается более высокого духовного уровня, в отличие от раскаяния нецельного или недостаточно искреннего.

Как же увидеть, что человек достиг уровня цельного и полного раскаяния за совершенный проступок? Одним из аспектов, подтверждающих это, может стать результат проверки – когда человек, оказавшись в ситуации, в которой ранее согрешил, принимает решение поступить иначе. Однако важно понимать при этом, что решение отвернуться от греха и поступить праведно человек должен принять именно в результате раскаяния, а не в силу того, что боится быть увиденным другими, или просто от отсутствия возможности согрешить и т. п.

Представим, например, мужчину, который согрешил, вступив в запрещенную интимную связь с чужой женой. Через

---

[357] Данная глава основана на второй главе *Законов раскаяния, Мишне Тора*.

некоторое время случилось так, что они снова уединились, притом, что сила влечения и физическая возможность близости сохранились. Но в силу того, что мужчина принял решение не поступать как прежде, он устоял в этом испытании и не повторил преступления. В данном случае мы можем говорить о полном раскаянии этого мужчины. Очевидно, что подобное справедливо и в отношении оступившейся женщины.

Уместно заметить, что подобный сценарий имеет смысл только в ситуации испытания случившегося непреднамеренно. Ведь изначально человеку не следует умышленно подвергать самого себя испытаниям. Невозможно быть уверенным в себе настолько, чтобы подвергать себя риску преступить черту запрещенного, прося Всевышнего послать себе некое испытание, ибо нет у человека понимания всей силы его дурного влечения. И уж если подобный урок мы извлекаем из истории с праведным царем Давидом и Бат Шевой,[358] то насколько серьезнее это касается всех нас.

С другой стороны, если прелюбодей не сожалел о случившемся и не раскаялся, пока не достиг старости, утратив к этому времени влечение и физическую способность совершить подобный грех, то такое раскаяние считается невысокого уровня. Тем не менее, Всевышний принимает и такое раскаяние. И даже если человек грешил всю свою жизнь, но в день смерти раскаялся и умер в раскаянии – Бог прощает все его грехи, в которых он раскаялся.

Таким образом, чтобы раскаяться перед Всевышним, нужно перестать грешить и даже помышлять о запрещенном, твердо

---

[358] *Шмуэль II*, гл. 11.

решив в сердце своем не совершать подобного впредь, как сказано: «Пусть оставит злодей пути свои».[359] И кроме этого, обязательно нужно сожалеть о совершенных ошибках, как сказано: «Когда раскаялся я – то пожалел».[360]

Какой должна быть молитва о прощении? Следует сначала произнести слова исповеди, признания в совершенных грехах, а затем продолжить словами обещания не совершать подобного вновь. Например, можно сказать так: «Господь, Бог мой, совершил я зло перед глазами Твоими, совершив грех... (дальше можно перечислить те грехи, которые совершил). Пожалуйста, Боже, по своей великой милости, прости мои грехи и преступления. Я искренне сожалею о случившемся и беру на себя обязательство не поступать так впредь».

Тот, кто произносит исповедь, но не имеет в сердце своем твердого решения отказаться от греха, по сути, не совершает ничего; более того, такая неискренняя исповедь выставляет его на посмешище перед Создателем.

В отдельных случаях, человеку, прилюдно совершившему злодеяния против других людей, весьма похвальным будет исповедаться в своих грехах также прилюдно. Следует ему сказать: «Хотя я согрешил против тех-то и тех-то, совершил такие-то дурные поступки, теперь я очень сожалею о случившемся и раскаиваюсь в своих злодеяниях».

Тем не менее, даже если человек и не станет исповедоваться прилюдно за злодеяния, совершенные на глазах у других, но при этом будет по-настоящему сожалеть о случившемся и

---

[359] *Йешаяѓу* 55:7.
[360] *Йермеяѓу* 31:18.

раскается в совершенном, это также будет считаться раскаянием (хотя и не полным) и заслужит он этим прощение Всевышнего.

Те же грехи, которые касаются лишь самого человека, его отношений с Всевышним, не должны быть преданы огласке, поскольку иначе это может стать осквернением Имени Творца.

Весьма подобает кающемуся человеку плакать и взывать Творца в молитве о прощении и пожертвовать на благотворительность существенную для себя сумму. Следует ему оградить себя от соблазнов и возможности попасть в подобную же ситуацию, где он оступился и приложить все силы, чтобы измениться к лучшему и вернуться к праведным путям.

Тому же, кто совершил тяжелый грех, такой как, например, убийство, Боже упаси, следует сменить имя, чтобы тем самым показать, что он уже стал не таким человеком, как прежде, и следует по собственной воле уйти в изгнание из родных мест. Мы учим из Танаха, что изгнание искупает грехи, потому что через лишения и страдания, связанные с ним, человек смиряет свою гордыню и приобретает качества скромности и покорности.

Раскаяние совершенное только перед Творцом помогает человеку искупить грехи, совершенные пред Всевышним, такие как, например, идолопоклонство, нарушение запрета отрезать и есть от живой плоти, прелюбодеяние и подобное этому. Однако грехи, совершенные против другого человека – ограбление, нанесение телесной или моральной травмы и пр. –

не будут прощены Богом, пока человек не компенсирует нанесенный ущерб, не принесет извинение пострадавшему, а тот не примет это извинение и не простит обидчика. При этом нельзя человеку, с которым обошлись несправедливо, быть жестоким и не прощать обидчика.[361] Нужно с легкостью забыть обиду и сменить гнев на милость, простить с легким сердцем, стремясь к этому и желая этого. После того, как ближний простит согрешившего, следует тому встать на путь раскаяния, как мы объяснили, твердо решив не поступать так впредь, исповедуясь и прося прощения у Всевышнего, благословенно Его Имя.

Важно подчеркнуть, что кроме компенсации нанесенного ущерба, например, возврата украденных денег, необходимым элементом раскаяния является просьба о прощении со стороны обидчика и попытки умилостивить оскорбленного, дабы тот с радостью простил. Если же случилось так, что того, против кого согрешили, уже нет среди живых, а прощения обидчик не сумел выпросить у того человека при его жизни, то следует согрешившему молиться и просить прощения у Творца. Также подобает ему взять с собой трех человек и отправиться на могилу оскорбленного, чтобы попросить прощения у души в содеянном злодеянии. Если же нарушение было связано с материальными ценностями или деньгами, то следует вернуть их или компенсировать их стоимость наследникам умершего. Если нет наследников, то следует эту сумму потратить на должную благотворительность, или обратиться за советом в уполномоченный суд или к раввину – как правильнее поступить.

---

[361] См. *Берешит* 20:17 о праведном поведении Авраѓама, когда он простил Авимелеха, см. также Вавилонский Талмуд, Трактат *Бава Кама* 92.

Не следует думать, что раскаиваться надо только в грехах, совершенных речью или поступком, таких как злословие, идолопоклонство, прелюбодеяние, воровство... Но так же, как необходимо раскаяние за подобные поступки, следует внимательно следить и стремиться к исправлению своих дурных качеств характера – как приобретенных, так и врожденных. Нужно весьма раскаиваться и удаляться от гнева, ненависти, злости, распутства, жадности, стяжательства, стремления к почестям и пр.

От таких дурных качеств значительно сложнее избавиться и раскаяться в них, в отличие от грехов, совершенных поступками. Ведь как только человек приобретает какое-то из качеств, оно становится неотъемлемой частью личности, поэтому избавляться от них весьма затруднительно.[362] Так говорит пророк: «Да оставит нечестивый путь свой, и человек неправедный – помыслы свои, и пусть возвратится он к Господу, и Тот помилует его, к Богу нашему, ибо Он много прощает».[363]

---

[362] Рамбам. *Мишне Тора. Законы о раскаянии*, гл. 7
[363] *Йешаяѓу* 55:7

Глава 3

Награда и наказание в руках Творца [364]

Всевышний судит не только все слова и поступки, но также и мысли человека. Этот суд ведется постоянно на протяжении всей физической жизни, а когда душа уходит в иной мир, то происходит общий суд над душой. В конечном же счете, во времена Машиаха, душа будет возвращена в тело для воскрешения из мертвых, дабы предстать перед Творцом для окончательного суда в Судный День.

После смерти душа предстает пред Небесным Судом в духовных мирах, чтобы быть судимой за каждый совершенный поступок, и тогда же ей выносится общий приговор о прожитой земной жизни. На этом суде принимаются в расчет все деяния, слова и мысли. При этом со стороны добра, совершенного человеком, Бог учитывает все заслуги, а со стороны грехов Он учитывает лишь те, в которых человек не раскаялся. В своем праведном суде Всевышний абсолютно точно отмеряет награду за совершенные добрые дела и преданность вере, и выносит приговоры и наказания за грехи, в которых человек не раскаялся. Подобное происходит как при жизни в нашем мире, так и после смерти – в мирах духовных. И существует множество уровней и ступеней подобной награды и наказания – как во время земной жизни, так и после ухода души в мир иной.

---

[364] Основано на третьей главе *Законов раскаяния*, *Мишне Тора*.

У каждого есть как заслуги, так и грехи. Тот, у кого заслуг больше чем грехов, в которых он не раскаялся, по оценкам Творца считается праведником (*цадик*) – в том смысле, что при общем подведении итогов заслуг и грехов он удостаивается быть на стороне праведности. Тот же, у кого количество неисправленных грехов превышает количество заслуг, считается злодеем (*раша*), в том смысле, что он оказывается на стороне греховности, по результатам Суда. Те же, у кого количество заслуг равно количеству грехов, относятся к средним (*бейнони*).

В подобном подсчете учитывается не только количество грехов и заслуг, но также их глубина и значимость в глазах Творца; принимаются в расчет все детали, связанные с этим и касающиеся данного человека. Ведь существуют такие заслуги, которые могут перевесить множество грехов, как сказано в стихе: «...в нем нашлось нечто доброе пред Господом, Богом Израилевым».[365] И напротив, могут быть у человека такие грехи, которые перевешивают многочисленные заслуги, как сказано об этом: «Один грех может перевесить много добра».[366] Подобные исчисления значимости и количества содеянного добра и зла, известны лишь бесконечной Мудрости Творца, и лишь Он знает, какую награду или наказание заслуживает каждый.

Подобным же образом определяется духовное положение отдельной страны или народа. Если в большинстве своем жители страны совершают благие дела, и, благодаря этому, на весах справедливости Творца чаша добрых дел перевешивает их злодеяния, то такой народ считается «праведным» в глазах

---

[365] *Книга Царств I*, 14:13.
[366] *Когэлет* 9:18.

Творца. Если же, напротив, злодеяния перевешивают праведные дела, то весь народ считается «греховным». Аналогичным образом судится и весь мир.

Случается, что в отдельной стране или народе тяжких злодеяний становится чрезвычайно много, тогда такой народ предается Творцом забвению, либо через тотальное уничтожение, либо через разрушение их единства и целостности как народа. Примером подобного приговора является история с нечестивым народом, населявшим города Содома и Гоморры во времена Авраѓама: «И сказал Господь: вопль Содома и Гоморры, велик он, и грех их – тяжел весьма. Сойду же и посмотрю: если по мере дошедшего ко Мне вопля поступали они, тогда – конец! а если нет, то буду знать».[367] Это означает, что Всевышний исследует деяния и помыслы каждого человека, и что Он, по Своей великой праведности, гарантирует спасение и избавление от гибели всем праведным людям того поколения, даже если их будет незначительное меньшинство. В этом Создатель заверил Авраѓама в ответ на его просьбу и мольбу спасти всех праведных людей в тех городах, прежде чем приговор будет приведен в исполнение.[368]

То же относится и к миру в целом: как только грехи всего человечества чрезвычайно превышают их праведные дела –

---

[367] *Берешит* 18:20-21.
[368] Там же 18:25. Подтверждение сказанному мы видим в факте спасения Лота и его семьи, которого Всевышний за его заслуги выводит из города, хотя Лот и не был истинным праведником.

такое поколение уничтожается, как случилось с поколением Потопа.[369]

При этом все злодеи уничтожаются, а праведные спасаются, как было с Ноахом и его семьей, как сказано: «И увидел Господь, что велико зло человека на земле... И сказал Господь: истреблю человека, которого Я сотворил, с лица земли... Но Ноах нашел милость в глазах Всевышнего».[370]

Следует каждому считать, что его добрые дела и греховные поступки точно уравновешены; так же как и весь мир находится в точке равенства между заслугами и грехами. Поэтому любое злодеяние нарушает такой баланс и смещает равновесие как на индивидуальном уровне, так и на уровне всего мира в сторону греховности, и, тем самым, пробуждает обвинение со стороны Небесного Суда. Подобное справедливо и в обратном; совершая одно доброе деяние или исполняя заповедь, человек смещает баланс в сторону добрых дел и, тем самым, становится причиной собственного

---

[369] Может показаться, что сравнение нынешнего положения дел с временами поколения Потопа не совсем корректно – ведь Всевышний после тех событий заключил с Ноахом Союз, символом которого стала радуга, и поклялся больше не уничтожать все человечество – и не только посредством потопа (См. *Гитввдуйот* 5745, 01 Хешвана, стр. 527-537; *Ликкутей Сихот* в.35, стр. 31) Кроме того, не станет человечество столь же греховным, как в те времена, ибо обладает теперь возможностью раскаяться, которой не было у него прежде, до Потопа. (Там же, стр. 51 и *Сефер га-Сихот* 5751, стр. 75). Тем не менее, мы учим у Рамбама, что суд Творца происходит на разных уровнях: на индивидуальном, общественном, национальном и на уровне всего мира. Поэтому, если большинство человечества греховны в своих делах, то тем самым весь мир наказывается за это. (И хотя подобного наказания тотальным уничтожением не будет, существуют другие уровни и методы наказания).
[370] *Берешит* 6:5-7,8.

спасения и избавления всего мира. В контексте сказанного, воздержание от совершения нарушения одного из Божественных повелений для народов мира в глазах Творца ценится даже выше, чем добрые дела, совершаемые человеком. Это связано с тем, что воздержаться и не согрешить человеку порой значительно сложнее и требует больших внутренних сил и признания над собой Царства Небес, нежели совершение доброго деяния.

Если же человек в дальнейшем станет сожалеть о том, что выполнил заповедь или хороший поступок, и скажет в сердце: «Какая мне выгода в том, что я это сделал? Лучше бы мне вообще этого не делать» — тем самым теряются все заслуги от этих добрых поступков, и не получит он вознаграждения за них, как сказано: «И праведность праведника не спасет его, когда он согрешит».[371]

Когда Всевышний судит человека, Он сопоставляет совершенные грехи с заработанными заслугами. При таком подсчете, чтобы определить, заслужил ли человек наказание, Бог не учитывает те грехи, которые человек совершил лишь единожды или дважды; к наказанию приводит лишь третий по счету грех и далее. Однако если грехи, которые начинают считать только с третьего, перевешивают заслуги, то тогда судят человека за все грехи вместе взятые, учитывая также и те первые грехи, не учтенные ранее.

---

[371] *Йехезкель* 33:12. И хотя прямое толкование этих слов, говорит о том, что, несмотря на свою праведность, человек не избежит наказания за грехи, однако мудрецы в трактате *Кидушин* 40б объясняют, что речь идет о праведном человеке, который стал сожалеть о совершенных добрых делах.

Если же заслуги человека равны или превышают его грехи, совершенные трижды и более, Создатель прощает грехи такого человека один за другим; к примеру, третий грех прощается, потому что становится как бы первым, поскольку первые два уже были прощены. Подобно этому, после прощения третьего, четвертый становится «первым» и прощается по тому же принципу. И применяется такой принцип, пока не будет прощен человек за все свои грехи.

В каком случае применяется описанное выше? Когда Бог судит человека, как сказано об этом: «Так будет поступать Всевышний – дважды и трижды, с *человеком*».[372] Однако, в отношении народа или общины, им прощается грех первые три раза, как сказано: «За три злодеяния Израиля Я скрою свое воздаяние, но за четвертое, Я не стану воздерживаться от этого».[373] Таким образом, процесс соизмерения грехов и заслуг общин и народов происходит по описанной схеме, однако наказанию подлежит грех, совершенный лишь в четвертый раз.

Такой суд над человеком, общинами и народами вершится ежегодно, в самом начале года по еврейскому календарю, в день под названием *Рош ѓа-Шана* – в первый день месяца *Тишрей*, который, как правило, приходится на сентябрь или начало октября. В этот день, Всевышний определяет судьбу человека и всех живых созданий на предстоящий год. Верша свой суд, Всевышний примешивает к нему меру милосердия, поскольку допускает и с радостью принимает раскаяние в совершенных проступках, молитвы и благотворительность, которые особенно эффективны в период за 30 дней до *Рош ѓа-*

---

[372] *Иов* 33:29.
[373] *Амос* 1.

Шана. Но даже и после этого дня человек может совершить раскаяние и быть прощен за те грехи, за которые был судим на этом суде, и может спастись от Небесных приговоров, совершая добрые праведные дела и осуществляя благотворительность.

Все вышесказанное относится к тому, кто еще жив. Когда же человек умирает, он лишается возможности совершить раскаяние, и его душа предстает пред Небесным Судом для вынесения приговора. Если заслуги перевешивают совершенные на земле грехи, в которых она не раскаялась, то она удостаивается занять свое место в духовном «райском саду», где получает должную меру награды за свою службу Богу во время земной жизни. Если же баланс заслуг и грехов склоняется в сторону греховности, то душа спускается в *геном*, духовное чистилище. И как только душа в нем очищается от грехов, оставшихся без раскаяния, тут же возносится в «райский сад», дабы получить там заслуженное ей вознаграждение.

Следует также добавить, каким образом судятся дела «средней» души, у которой хорошие и плохие дела уравновешены. Если среди грехов такой души, в которой она при жизни не раскаялась, нет греха вступления в запрещенную интимную связь, тогда Всевышний, по своему великому милосердию, смещает баланс в сторону праведности, и душа воспаряет в райский сад.[374] Если же есть

---

[374] Вавилонский Талмуд, Трактат *Рош а-Шана* 17а. Рамбам в *Мишне Тора, Законах о раскаянии* гл.3 говорит, что среди народов мира только праведники заслуживают долю в Мире Грядущем. Судя по всему, речь идет о тех, кто соблюдает все Семь Заповедей для потомков Ноаха как Божественные повеления, переданные через Моше на горе Синай, как он

такой грех, и не совершил человек при жизни раскаяние за него,[375] то баланс смещается в сторону греховности и душа спускается в *гееном* для очищения и только после этого получает награду за свои добрые дела в райском саду.[376]

В следующей главе мы объясним, что подобный суд и духовная награда душе человека из Потомков Ноаха применимы лишь к тем, кто при жизни принял для себя исполнение деталей Заповедей для потомков Ноаха как Божественных повелений. Тем же, кто не принял на себя исполнение Заповедей, духовная награда не вечна и существенно меньше также и в других аспектах.

объясняет это в *Законах о Царях* 8:11. Таким образом, человеку из Народов Мира, который принимает для себя и старается исполнять Божественный Закон, выраженный в Торе в Семи Заповедях и верит в Единого Бога, принимая на себя иго Царства Небес, гарантирован удел в Мире Грядущем, который начнется со времени Воскрешения из Мертвых. Даже если случится такому человеку, несмотря на свою веру, совершить те или иные нарушения Семи Заповедей, пойдя на поводу искушений дурного начала (если при этом человек не отвергает Царства Небес или веру в то, что Заповеди даны Всевышним), в глазах Творца он остается Праведником из Народов Мира. Однако это не противоречит тому, что после смерти душа его предстанет перед Небесным Судом, как было описано выше, и попадет в одну из трех описанных категорий – праведник, средний или грешник.

[375] В том же трактате описывается процедура относительно потомков Ноаха (аналогично правилу для души еврейского мужчины, который при жизни ни разу не выполнил заповедь возложения тфилин).

[376] В данной книге мы не обсуждаем вопрос возможной реинкарнации души (на иврите *гильгуль*). Тому, кто интересуется, советуем прочитать книгу «В поисках души» (Soul Searching) Яакова Астора.

Окончательный же суд будет произведен в будущем во времена Машиаха, когда произойдет воскрешение из мертвых, как это будет разъяснено далее, в главе 8.

Глава 4

Мир Грядущий[377]

Мы знаем от пророков Танаха (Йешаяѓу,[378] Йехезкель,[379] Даниэль[380]) и от мудрецов Талмуда,[381] что во времена Машиаха в мире настанет время «воскрешения из мертвых», когда Всевышний вернет к жизни всех праведников былых поколений и открыто раскроет для них Свою Славу. И после этого станет Он обитать открыто вместе с ними, и станет это вечной эрой Мира Грядущего, который и есть уникальная и ни с чем несравнимая духовная награда. Понятие «удел в Мире Грядущем» представляет собой слияние души и тела человека с Божественным Присутствием, *Шхиной*, для каждого на своем уровне и в зависимости от его деяний.

Каждый человек из народов мира удостаивается доли в Мире Грядущем, если принимает для себя Семь Заповедей Всевышнего и старается тщательно их соблюдать, осознавая при этом, что делает это потому, что были они заповеданы Творцом в Торе, и стало известным через Моше, что Он прежде заповедал об этом всем потомкам Ноаха.[382] И если человек живет подобным образом, то он духовно возвышается до уровня «Праведника Народов мира».

---

[377] Основано на третьей главе *Законов раскаянья*, *Мишне Тора*.
[378] *Йешаяѓу* 26:19.
[379] *Йехезкель* 37:12-14.
[380] *Даниэль* 12:2.
[381] См., например, Вавилонский Талмуд, Трактат *Санѓедрин*, начало гл.11.
[382] *Мишне Тора. Законы о царях* 8:11.

И наоборот, если человек из народов мира не верит в то, что эти повеления даны Творцом, либо не верит, что обязан соблюдать все семь Его повелений, то не имеет он доли в вечном Мире Грядущем. Тем не менее, Бог не оставит и такого человека без награды за его добрые деяния, которую он получит либо во время своей жизни, либо в духовных мирах после смерти, либо в виде какой-то их комбинации в обоих мирах. Так или иначе, такая награда будет носить лишь временный характер и не идет ни в какое сравнение с наградой бесконечной, которой удостаивается человек имеющий долю в Мире Грядущем.[383]

Для иллюстрации приведем такую притчу. Простой человек, скакавший на своей лошади как-то раз чрезвычайно услужил царю. Царь решил наградить его по справедливости – возвел в высокий чин при своем суде. Надо сказать, что для этого человека это стало кардинальным изменением – он стал другим человеком, преобразившись из простого деревенского парня в уважаемого чиновника! Не обошли стороной и его коня, ведь он служил своему хозяину в то время, когда он совершал доброе дело для царя, а, кроме того, бывший всадник не желал видеть, как страдает его верный конь. Коня наградили тем, что выделили ему хорошее пастбище, затененное, удобное стойло, освободив от дальнейшей необходимости работать. И, несмотря на то, что уровень жизни коня существенно повысился, это никак не повлияло на

---

[383] Тот, кто не верит в то, что источником Семи Заповедей является Всевышний и не считает обязанным их соблюдение, не достигает духовного уровня Праведника народов мира и награда его душе после смерти не может идти ни в какое сравнение с величием Мира Грядущего, который обещан всем праведникам.

его сущность, никак не возвысило – он, как был конем, так им и остался.

Подобным же образом (хотя это весьма сложно точно описать и еще более сложно постичь), награда Мира Грядущего для тех, кто старается жить согласно воле Творца, связана с существенной трансформацией. Его духовность возвысится необычайно до тех уровней, которых он никак бы не смог достичь ранее, открывая ему возможность постигать Божественность и наполняться знанием Всевышнего все больше и больше на протяжении своей новой бесконечной жизни в воскрешенном теле.[384] Иная награда предоставляется человеку, не являющемуся праведником народов мира – награда, которую он получает, выражается в материальных или духовных наслаждениях этого мира, к которым он привык. И даже после смерти духовные наслаждения могут продолжаться, пока не иссякнут его заслуги.

Существует также категория людей, которые так погрязли в грехах, что не только не имеют удела в Мире Грядущем, но даже и не удостаиваются духовной награды после своей смерти. На фоне их многочисленных и тяжелейших злодеяний, в которых они не раскаялись, их хорошие дела никак не могут повлиять на то, чтобы сместить чашу весов в сторону добра, дабы заслужить духовную награду, хотя бы даже временную. Вместо этого, их души отсекаются от Источника жизни навсегда. После смерти душа такого человека попадает в *геном*, где подвергается тяжким наказаниям в качестве расплаты за грехи, оставшиеся без

---

[384] *Сефер га-маамарим* 5628, стр. 40.

раскаяния, и за нежелание исправлять свои дурные черты и злодейские пути.

(Хотя ранее, в главе 3, мы сказали, что часто душа спускается в *геном*, чтобы очиститься от грехов, в которых человек не раскаялся при жизни, уровень страдания души человека, закоренелого в своем зле, существенно больше. Каким образом это происходит? На первом этапе душа такого человека подвергается тяжелейшим мукам в *геноме*: как есть множество уровней духовной награды, так же и там существуют множественные уровни, и такая душа опускается на самые низкие уровни и находится там до времени наступления Мира Грядущего, когда *геном* прекратит свое существование. Затем, на второй стадии, происходит отсечение (*карет*) от Источника жизненности и душа перестает существовать. Это можно проиллюстрировать следующим примером. Царь наказал двух своих слуг за разные провинности: того, кто провинился меньше, заточили в тюрьму на определенное время, но при этом виновный знает, что после отбывания срока он снова вернется на службу к царю. Тому же, кто совершил гораздо более серьезное преступление, не только стало невозможным вернуться к службе – его присудили к тяжким страданиям в заточении на протяжении многих лет, после чего он был казнен.

Подобная мера применяется для тех, кто не совершил раскаяния в следующих тяжелых преступлениях: в убийстве, в регулярном злоязычии, кто беззастенчиво совершал злодеяния на глазах других, чтобы намеренно осквернить Имя Творца, кто совершил вероотступничество. В контексте сказанного, вероотступником считается тот, кто с желанием совершает некое запрещенное деяние и в дальнейшем привыкает себя так вести настолько, что убеждает себя в том, что это деяние разрешено для него, и что нет никакого запрета Творца поступать таким образом.

Подобное относится к следующим пяти категориям людей, не совершившим раскаяние,[385] как будет разъяснено далее: (1) безбожники или изменники (на иврите *мин*); (2) еретики (на иврите *эпикурес);* (3) отрицающие Тору отступники;[386] (4) те,

---

[385] Наказание для этих пяти категорий людей наиболее сурово из всех, поскольку страдания их души в *гееноме* не прекратятся даже после того, как он прекратит выполнять свою функцию. См. Вавилонский талмуд, Трактат *Рош ѓа-Шана* 17а, где говорится о непрекращающемся наказании, описанном в книге пророка *Йешаяѓу* 66:24.

[386] Из книги *Божественный кодекс*, ч. 1, гл. 1:12 и примечания там: Наказание для изменника, еретика и отрицающего Тору не применяется в тех случаях, если он не знал истины, поскольку никогда это не изучал. Таких людей следует обучать истине и знаниям Божественных повелений, и такая обязанность лежит на тех, кто уже обладает этими знаниями, для того чтобы исправить пути и поведение такого человека. Подобным образом поступал праотец Авраѓам и нам нужно следовать этому примеру. К примеру, хотя караимы и отрицали всю Устную Тору, во времена Рамбама их нельзя было судить как отступников, поскольку они на протяжении уже нескольких поколений с детства росли в окружении чуждой культуры и впитали подобное ошибочное мировоззрение с молоком матери.

В *Законах о царях* 10:1 Рамбам пишет, что если человек из потомков Ноаха нарушает свои законы по небрежности и халатности, то он виновен, ибо обязан знать их и изучать. Однако подобное, скорее всего, справедливо, когда большая часть общества, в котором он живет, знает и исполняет эти законы, а он не стал утруждать себя подобным изучением. Если же большинство в его обществе не знают закона, то этот человек не будет считаться виновным, если только не был заранее об этом оповещен и проинформирован, поскольку ему было весьма затруднительно знать эти законы в такой ситуации. Поскольку законы Всевышнего верны и справедливы, то не взыщет Он вины с того, кто оказался в подобной безвыходной ситуации.

кто ввел в грех многих людей; и (5) те, кто проявляют жестокость и вселяют страх в сердца большой группы людей.

1. Кто относится к категории изменников и безбожников:
1) говорящие, что Бога нет вообще, и что у мира нет Правителя;
2) утверждающие, что богов два или более;
3) верящие в то, что бог один, но он имеет тело и образ;
4) говорящие, что не Бог был изначально Сущим и Творцом всего, а что была некая предшествовавшая вечная сущность или вещество, из которой Бог все и сотворил;
5) поклоняющиеся другим богам (идолам, звездам или созвездиям, или каким то другим объектам), считающие, что этот идол будет выступать в качестве посредника между ним и Творцом.[387]

2. Кто относится к еретикам:
1) утверждающие, что пророчества вообще не существует; нет Откровения, которое Всевышний вкладывает в сердца людей;
2) отрицающие пророчество Моше, учителя нашего;
3) утверждающие, что Богу неизвестны дела человека.

3. Кто относится к отрицающим Тору (отступникам):
1) утверждающие, что Тора не была дарована Всевышним во всей своей целостности и полноте (даже если такой человек и соблюдает отдельные повеления из нее, считая, что они весьма логичны и выгодны для него). К таким относится

Важно понимать, что это относится лишь к тем повелениям Творца, к соблюдению которых человек не сможет прийти, следуя своему разуму – как, например, детали запрета идолопоклонства и пр.

[387] См. в книге *Божественный кодекс*, ч. 1 (Запрет идолопоклонства).

также и тот, кто считает, что хотя бы одно слово в Торе было добавлено по собственному желанию и решению Моше, а не от Бога;

2) утверждающие, что Устная Традиция не была получена от Творца, а исходит от Моше или какого-то другого человека; даже если они признают Божественную природу Письменной Торы и Заповедей;

3) утверждающие, что Бог позднее заменил какую либо из заповедей, переданных через Моше, на какую-либо другую, или что Его изначальная Тора и повеления были позднее аннулированы. К таким также относятся те, кто верят в то, что Тора была изначально дарована Всевышним, но позднее она была аннулирована, изменена или заменена.

4. Кто относится к тем, кто ввел в грех многих:

1) те, кто становятся причиной совершения тяжких грехов других людей, как царь Йеровам, о котором повествует книга Царств, по вине которого десять колен Израиля стали служить идолам;

2) те, кто становятся причиной более легких нарушений, даже если это несоблюдение какого либо положительного повеления.

Это относится как к тем, кто под принуждением заставляет других грешить, так и к тем, кто хитростью или уловками уводит других с правильного пути.

5. К тем, кто вселяет страх в сердца других людей:

Относятся, как правило, обладающие властью и влиянием люди, пытающиеся через унижение и страх своих подчиненных возвыситься в собственных глазах или обрести иные материальные выгоды или положение. (К таким часто можно отнести различных диктаторов и царейидолопоклонников, и это подобно категории людей, которые вводят многих в грех).

Каждый, кто относится к одной из вышеперечисленных категорий, лишается удела в Грядущем Мире, если он при жизни не раскается в содеянных нарушениях. Тот же, кто раскаялся в своих злодеяниях и умер раскаявшимся, удостаивается Грядущего Мира, ибо раскаяние преодолевает все препятствия. Даже тот, кто всю свою жизнь отрицал существование Всевышнего, но раскаялся в последнюю минуту и признал истинность Торы и Семи Заповедей для потомков Ноаха, удостаивается удела в Мире Грядущем.

Глава 5

Свобода выбора[388]

У каждого человека есть свобода выбора: если хочет идти по правильной дороге и быть праведником – имеет возможность это сделать; если хочет свернуть на дурную дорогу и быть злодеем – может пойти и этим путем. Об этом написано в Торе: «Вот, стал человек как один из нас, знающим добро и зло»[389] – то есть, человек единственный в мире, обладающий способностью самостоятельно, своим собственным разумом и сознанием, познавать добро и зло и поступать, как он того пожелает; никто не помешает ему творить добро или зло.

Да не придет тебе в голову то, что говорят многие глупцы, что Святой, Благословенный, определяет для человека с рождения быть ли ему праведником или злодеем. Это не так. Каждый человек имеет возможность стать праведником или злодеем, мудрецом или неучем, милосердным или жестоким, скрягой или хлебосолом – и так во всех качествах; и никто не заставляет его, и не назначает ему Свыше, и не склоняет его к одному из двух путей, но он сам, сознательно, выбирает себе дорогу.

Об этом говорит Йермеяѓу: «Из уст Высшего не изойдет зло и благо»[390] – то есть, Создатель не предопределяет для человека, быть ему плохим или хорошим.

---

[388] Основано на пятой главе *Законов раскаянья*, *Мишне Тора*.
[389] *Берешит* 3:22.
[390] *Эйха* 3:38.

Поэтому тот, кто грешит, должен пенять на себя. И ничего не исправишь, если вместо того, чтобы принять ответственность за свои дела, человек ищет оправдание себе в других людях или обстоятельствах жизни. На самом человеке лежит ответственность в любых обстоятельствах весьма постараться, чтобы исправить свой характер и свои пути.

И поэтому подобает ему плакать и стенать о том, что он сделал для своей души. Об этом написано далее: «О чем будет скорбеть живой человек? Человек (*гевер*) пусть скорбит о грехах *своих*»[391] – означает, что грехи принадлежат ему. (В иврите, понятие «человек» обозначается разными словами, в зависимости от значения и контекста. В данном случае использовано слово *гевер*, означающее личность, обладающую внутренней силой. В этом намек на то, что Всевышний всегда дает человеку достаточно сил, чтобы перестать грешить).

Продолжая мысль, пророк говорит, что так как нам дана свобода воли, и мы по своему усмотрению совершили все эти злодеяния, следует вернуться с раскаянием к Всевышнему, оставив свой дурной путь – ведь и сейчас наша воля свободна; об этом говорится далее: «Обдумаем свои поступки, и исследуем их, и вернемся к Господу».[392]

Этот принцип имеет основополагающее значение; это основа всей Торы и заповедей, как написано: «Смотри, Я даю перед вами сегодня благословение и проклятие. Благословение, чтобы внимали вы заповедям Господа, Бога вашего, и проклятие, если не будете внимать заповедям Господа, Бога

---

[391] Там же 3:39.
[392] Там же 3:40.

вашего»,³⁹³ – то есть, выбор в ваших руках, и все, что человек пожелает, он может совершить – любой из возможных поступков, хороший или дурной. Творец не заставляет людей делать добро или зло и не решает это за них, но сердца людей – в их власти.

Если бы Всевышний решал, быть человеку праведником или грешником, или если бы была какая-либо причина, которая от рождения человека влекла его по какому-то определенному пути, или вынуждала его принять определенный образ мыслей, или определяла его моральные качества – как фантазируют об этом глупцы-астрологи – как же [Всевышний] мог бы отдавать человеку повеления через пророков: «поступай так-то», «не поступай так-то», «исправьте пути ваши», «не поддавайтесь злому началу в себе»? Ведь, по их мнению, или все это было предопределено, когда человек появился на свет, или заложенные в нем природные качества неодолимо влекут его к этому. Какой смысл имела бы тогда вся Тора? По какому праву и по какой справедливости наказывается грешник или вознаграждается праведник? Эту идею выразил Авраѓам, когда спорил с Создателем: «Хула для Тебя делать подобное, умертвить праведного с преступным, и будет как праведный, так и преступный. Хула для Тебя [такое]. Судья над всею землей разве не содеет суда [правого]?!»³⁹⁴

Может также возникнуть вопрос: «Как же может человек делать все, что захочет, и как могут его поступки зависеть только от него самого, ведь в мире ничего не совершается без воли на то Создателя и без Его желания?» Следует знать, что

---

³⁹³ *Дварим* 11:26-28.
³⁹⁴ *Берешит* 18:25.

все совершается, только если есть на то воля Всевышнего – как сказано: «Все, что желает Господь, делает – на небе и на земле».[395] И, тем не менее, мы несем ответственность за свои деяния.

Как же решается это очевидное логическое противоречие?

Как установил Создатель для всех творений определенные свойства и качества по собственной Воле – как, например, огонь стремится вверх, а вода течет вниз, и небесные тела вращаются на своих орбитах – точно так же пожелал Он, чтобы воля человека была свободной, и он был бы властен над всеми своими поступками, и чтобы ничто не вынуждало его к определенным действиям, и никакая сила бы не влекла его к ним; но чтобы он сам, руководствуясь разумом, данным Творцом, совершал все, что в силах совершить. И потому он судим за дела свои, хотя при этом Всевышний всегда стремится проявить свое качество Милосердия, учитывая благосклонно все обстоятельства каждого поступка. Тем не менее, если делает добрые дела – вознаграждают его, если творит зло – карают. Об этом говорили пророки: «Из-за вас самих было так»[396] и «Они сами избрали свой путь».[397]

Об этом сказал царь Шломо: «Радуйся, юноша, в молодости своей... но знай, что за все это Господь будет судить тебя»,[398] – то есть, знай, что в твоей власти совершать те или иные деяния, но в будущем за все содеянное нужно будет отвечать.

---

[395] *Теґилим* 135:6.
[396] *Малахи* 1:9.
[397] *Йешайяґу* 66:3.
[398] *Коґэлет* 11:9.

Глава 6

Лишение свободы выбора как наказание[399]

В Пятикнижии и в Книгах Пророков существует множество фраз, которые, на первый взгляд, противоречат основополагающему принципу свободной воли. Поэтому многие ошибочно истолковывают эти слова и начинают думать, что сердце человека не властно направить его на тот путь, который он сам выбирает. Они ошибочно полагают, что Всевышний предопределяет для человека совершить нечто хорошее или нечто дурное. Поэтому весьма важно объяснить этот фундаментальный принцип, понимание которого поможет правильно истолковать эти высказывания. И это принцип, по которому Всевышний может наказывать человека в течение его земной жизни, если тот совершает злодеяния по своему свободному выбору.

Если кто-то сознательно и добровольно нарушает Закон Бога, этим он заслуживает наказание Творца, как мы уже говорили. Святой, благословен Он, знает, как в точности и по справедливости отмерить наказание за каждое совершенное нарушение. Подобное относится также и к жителям города или народа, совершающим запрещенные деяния коллективно.

Бывает, что грешника наказывают в этом мире, лишая его богатства или посылая страдания ему или его маленьким детям, ибо неразумные дети, которые еще не достигли возраста исполнения заповеди (для девочек это 12 лет, для мальчиков – 13), являются еще как бы собственностью отца,

---

[399] Основано на шестой главе *Законов о раскаянии*, *Мишне Тор*а.

поскольку закон «муж за свой грех умрет»,[400] применяется лишь в отношении взрослого человека.

А есть грехи, за которые полагается наказание в духовном мире после смерти, и никакие беды не постигают человека в этом мире. За некоторые же грехи полагается наказание, как в этом мире, так и в мире духовном. Все это, однако, относится только к тому случаю, если грешник не раскаялся; но если раскаялся, его раскаяние служит защитой от возмездия. И также как человек грешит добровольно и сознательно, должен и раскаяться добровольно и сознательно.

Но бывает и такое, что, совершив настолько великий грех или такое множество грехов, Праведный Судья решает в наказание за эти грехи, совершенные человеком по своей воле и разумению, лишить его способности к раскаянию. И не будет такому человеку дано возможности оставить злодейство свое, и погибнет он за грехи, в которых повинен. Об этом говорят слова Святого Творца, благословен Он, переданные пророком Йешайя́гу: «Огрубей, сердце народа этого, отяжелейте уши его и глаза закройтесь, чтобы не мог он увидеть глазами своими, и услышать ушами, и сердцем уразуметь, и раскаяться, и исцелиться».[401] И также сказано: «Они оскорбляли Божьих посланников, поносили слова Его, издевались над Его пророками – до тех пор, пока не возгорелся гнев Господа на народ свой и не стало исцеления»,[402] – то есть грешил народ по своей воле и умножал злодеяния свои до тех пор, пока не была отнята у

---

[400] *Дварим* 24:16.
[401] *Йешайя́гу* 6:10.
[402] *Диврей га-ямим II*, 36:16.

него возможность раскаяния, которое именуется «исцелением».[403]

Поэтому написано в Торе: «А Я укреплю сердце фараона».[404] Фараон начал с того, что стал совершать злодеяние против еврейского народа по собственной инициативе, как сказано: «Давайте обхитрим его...».[405] Затем он – также по собственному желанию – ожесточил свое сердце и еще более усилил гнет против евреев, порабощенных в среде Египта. И это продолжалось даже после того, как Всевышний через Моше предупредил его и явил ему и всему народу Египта необыкновенные чудесные знамения, именуемые «казнями египетскими». И как следствие, по принципу мера за меру, Всевышний наказал фараона за его злодейство тем, что отнял у него возможность совершить раскаяние и укрепил сердце фараона, дабы воздать ему в дальнейшем за выбранный им греховный путь. Ведь сказал ему уже Святой Творец, благословен Он: «И ради этого Я дал тебе выстоять: чтобы показать тебе могущество Мое... И ты, и рабы твои, знаю Я, не убоитесь вы Господа Бога».[406] Всевышний это сделал для того, чтобы все обитатели мира узнали, что если пожелает Святой Творец, благословен Он, лишить человека раскаяния –

---

[403] Значение этого отрывка таково, что обычно Всевышний всячески помогает и подталкивает совершить раскаяние, но в этих, особо тяжелых и закоренелых случаях, Он, напротив, наказывает грешника тем, что создает такие условия, в которых совершить раскаяние практически невозможно. Однако даже и в таких случаях у человека все-таки остаются шансы и свободная воля, чтобы найти в себе силы и желание совершить раскаяние в своих злодействах, и он сможет встать на путь раскаяния и заслужить прощение – хотя бы за миг до конца своей жизни.
[404] *Шмот* 4:21.
[405] Там же 1:10.
[406] Там же 9:16, 30.

не сможет тот раскаяться и погибнет за свои злодеяния, которые совершил прежде.

Подобное случилось и с Сихоном, порочным эморейским царем, у которого за грехи была отнята возможность раскаяться, как сказано: «...ибо укрепил Господь, Бог твой, дух его и ожесточил его сердце»[407] – так, чтобы он и его грешный народ затеяли войну и погибли в битве. Также было и с народами, населявшими Кнаан – за их разврат лишены они были возможности раскаяться и вышли на войну с Народом Израиля, и были разбиты чудесным образом, как сказано: «От Господа было это, что ожесточилось их сердце и вышли они на войну с Израилем, чтобы быть уничтоженными».[408]

Также мы находим случаи, когда Всевышний отворачивает сердца людей от раскаяния в качестве наказания за совершенные греховные дела. Как случилось с еврейским народом во времена пророка Элияѓу, когда народ был серьезно вовлечен в идолопоклонство и Всевышний ниспослал жесточайшую засуху в качестве наказания и при этом удерживал сердца людей от раскаяния. И когда пришло время пророку Элияѓу взывать к Творцу с просьбой явить чудеса и доказать всем никчемность идолов, он сказал так: «Ответь мне, Господи, ответь мне! И будет знать народ этот, что Ты, Господи – Бог, и Ты отвернул в сторону их сердца»[409] (отвернул в сторону от раскаяния).

Таким образом, мы видим, что Бог не заставлял фараона делать зло евреям или Сихона – грешить в своей земле, или

---

[407] *Дварим* 2:30.
[408] *Йеѓошуа*, 11:20.
[409] *Млахим* 1, 18:37.

жителей Кнаана – развратничать, или евреев – поклоняться идолам; но все они согрешили по своей воле и за это лишены были раскаяния.

И поэтому просили Всевышнего пророки и праведники в своих молитвах о том, чтобы Он помог им идти по пути истины, как сказал Давид: «Научи меня, Господи, путям Своим, и я пойду дорогой истины Твоей»,[410] – то есть, «да не закроют грехи мои дорогу к истине, к знанию путей Твоих и великого единства Твоего». И сказано: «Великодушием меня надели»,[411] – то есть, «позволь духу моему исполнять волю Твою, и да не буду я лишен возможности раскаяться в грехах своих, но оставь мне свободу выбора, чтобы я вернулся к Тебе и постиг, и познал путь истины». Таким же образом объясняются и другие стихи Танаха на эту тему.

Продолжая, приведем еще слова царя Давида: «Добр и справедлив Господь и поэтому укажет Он грешникам путь истины. Поведет Он смиренных дорогой справедливости и научит кротких Своему пути».[412] Это означает, что Творец открывает и показывает человеку путь Истины, побуждая его совершить раскаяние. Мы встречаем подобное на страницах Танаха весьма часто, когда Всевышний посылает Пророков, чтобы указать на ошибки и научить, какими образом следует праведно себя вести и как совершить раскаяние. Этой же цели служат и записанные слова Моше, величайшего из пророков, обращенные ко всему человечеству. Более того, каждый человек наделен Творцом способностью выучить и понять, чего желает от него Всевышний. Поэтому каждому человеку,

---

[410] *Теѓилим* 86:11.
[411] Там же 51:14.
[412] Там же 25:8-9.

здоровому интеллектуально, подобает приучать себя к постижению мудрости и праведности, переданной нам через слова пророков и мудрецов на страницах Танаха, дабы оградить себя от печальных последствий недалеких поступков. И когда возжелает человек идти этими путями и расти духовно, то сказано об этом благословенной памяти мудрецами: «Тому, кто хочет очиститься, помогают с Небес»[413] – то есть, он увидит, как Создатель помогает ему исправить свои пути.

---

[413] Вавилонский Талмуд, Трактат *Йома* 38б.

Глава 7

Вознаграждение для души после смерти. Награда в Мире Грядущем [414]

После смерти в нашем земном мире для души человека существуют два периода. Первый этап начинается сразу после смерти, когда душа воспаряет в духовный райский сад. Если заслуги человека позволяют, то это происходит сразу после смерти человека, в ином случае может потребоваться временное пребывание в *геенноме*, где она очищается от грехов, в которых человек не раскаялся во время своей жизни, после чего она поднимается в рай. В духовном «райском саду» не существует тела или какой бы то ни было физической формы. Там пребывают лишь бестелесные души праведников, наподобие ангелов-служителей. И поскольку нет тел, то нет и необходимости в еде, питье и других телесных потребностях, без которых не может обойтись человек, живущий в физическом мире.

Не следует легкомысленно представлять награду за следование путями Всевышнего и исполнение Его воли в виде роскошных яств и благородных напитков, интимных отношений с прекрасными формами, роскошных украшений или шикарных дворцов и всякого подобного рода глупостей, которые зачастую возникают в умах глупцов.

В отличие от этого, мудрецы и люди, познавшие Истину, прекрасно понимают, что за такими идеями нет ничего и все это лишь пустые фантазии, недостойные того, чтобы служить наградой за преданное служение Всевышнему. Все это не

---

[414] Основано на восьмой главе *Законов о раскаянии*, *Мишне Тора*.

обладает истинной ценностью и важно лишь как средство в этом мире, в силу того, что душа облачена в телесность. Животная душа вожделеет к этому ради удовольствий и воздаяния почестей своему телу, через это обеспечивается здоровая жизнедеятельность человека. Поэтому мудрый человек понимает, что все потребности тела существуют лишь для того, чтобы обеспечивать здоровое функционирование ради исполнения воли Творца в этом мире. Поэтому когда душа отделяется от тела, то вся важность этих вещей пропадает, и душа о них забывает.

Но все это не идет в никакое сравнение с безграничным добром, временно спрятанным и ожидающим праведников в Мире Грядущем, который начнется на второй стадии эпохи Машиаха. Когда придет это время, души вновь соединятся со своими телами и произойдет воскрешение из мертвых, как будет разъяснено далее, в следующей главе. И тогда настанет время совершенства, не омраченного ни смертью, ни какой бы то ни было примесью зла к добру. Тора так повествует об этом: «Чтобы удостоился ты блага и продлились дни твои».[415] Устная Традиция учит:[416] «Чтобы удостоился ты блага» – в мире, где царит благо, «и продлились дни твои» – в мире, где царит бессмертие, то есть, в Грядущем Мире.

Награда праведникам состоит в том, что они удостоятся этого блаженства и бесконечного счастья. Наказание злодеев – в том, что они не удостоятся этой жизни, но будут истреблены и погибнут. И всякий, кто не удостаивается этой жизни, умирает, не обретая бессмертия, истребляется за свое злодейство и гибнет как животное. Это истребление души, о

---

[415] *Дварим* 22:7.

[416] Вавилонский Талмуд, Трактат *Кидушин* 39б.

котором сказано: «Истреблена (*икарет тикарет*) будет та душа»,[417] и предание учит:[418] истреблена («*икарет*») – в этом мире, истреблена («*тикарет*») – в грядущем. То есть, душа после того, как покинет этот мир, отделившись от тела, не удостоится того, чтобы воскреснуть из мертвых и жить в Грядущем Мире. Для потомков Ноаха подобное наказание *карет* (отсечение от Источника жизни) является следствием умышленного нарушения одной из Семи Заповедей, в котором человек не раскаялся, или осознанное отрицание одного из основополагающих постулатов веры[419] в Единство Творца или Торы Моше.

Так говорили мудрецы древности: «В грядущем мире не едят, не пьют и не совокупляются – но праведники восседают с коронами на челе и наслаждаются сиянием *Шхины*».[420] Рамбам дает этому следующее объяснение:[421]

«Слова "*с коронами на челе*" [это метафора] означают, что мудрость [т.е. внутренний смысл Торы], которой они достигли в земном мире и благодаря которой удостоились Мира Грядущего, венчает их, как корона – чело... И это нематериальная корона,[422] ведь сказано: «И вечная радость на

---

[417] *Бемидбар* 15:31.
[418] *Сифри* (к *Бемидбар*) 112, стр. 121.
[419] К таким относятся безбожники, вероотступники, еретики и отрицающие Тору, как мы определяли их выше в ч. 4.
[420] Вавилонский Талмуд, Трактат *Брахот* 17а, от имени Рава.
[421] *Мишне Тора. Законы о раскаянии* 8:2.
[422] Мир Грядущий никто не видел кроме Святого, Благословенного, как сказал пророк Йешайѓу (64:3): «Ни одному глазу не дано было видеть его, кроме Твоего, о Боже». Форма существования в нем вызывала различные мнения мудрецов. Рамбам, в частности, буквально объясняя слова Талмуда, склонялся к мнению, что жизнь в нем будет исключительно духовной, и что праведники, которые удостоятся права пребывать там,

их челе»,⁴²³ хотя и радость – не материальный предмет, которым можно было бы увенчать чело – так и корона, о которой говорится здесь, это мудрость. Что же означают слова «*наслаждаются сиянием Шхины*»? – Постигают праведники истинную сущность Святого Творца, благословен Он, которую невозможно было постичь, пребывая в грубом и бренном теле.

И нет у нас возможности в точности понять и постичь это бесконечное добро, которое душа удостоится переживать в Мире Грядущем. Мы знаем лишь то добро, которое можем ощутить и испытать в своей жизни, к которому стремимся и желаем. А то добро непостижимо больше и глубже всего, что можно только себе представить, и о нем мы можем говорить лишь в некой метафорической форме.

Тем не менее, чтобы хоть как-то попытаться понять, о чем идет речь, можно провести аналогию с различными видами

будут жить в нем как нематериальные души, не облеченные в физические тела, после временного этапа Воскрешения из мертвых. Однако другие мудрецы ранних поколений (*ришоним*)*,* включая Рамбана, (см. *Шаар а-Гмуль*) и Раавада (см. его комментарий к *Мишне Тора*), также как и хасидские мудрецы, кардинально не согласны с таким мнением и считают, что в вечном Мире Грядущем Слава Творца будет раскрыта для праведников, которые будут жить в физической реальности в своих воскрешенных телах.

Хотя Рамбам писал, прежде всего, для евреев, об их духовных постижениях и раскрытии, которых они достигнут в Мире Грядущем (когда они по настоящему смогут быть теми, кто несет «свет всем народам»), но по аналогии, мы можем попытаться представить и награду для праведных потомков Ноаха – уровень подъема их души и постижения высочайших духовных миров. На эту тему можно посмотреть хасидские объяснения, как, например, у Рабби Шмуэля Шнеерсона (Ребе Маѓараш). *Сефер а-Маамарим* 5628 на стр.40 и стр. 42.

⁴²³ *Йешаяѓу* 51:11.

удовольствий, с которыми мы знакомы в повседневной жизни. Один может получать *физическое* удовольствие от употребления изысканного яства, или на более возвышенном уровне, от звучания прекрасной музыки. Другой может получать *интеллектуальное* удовольствие от постижения глубокой идеи или решения сложной задачи. *Духовное* наслаждение возможно пережить при совершении доброго поступка или оказании помощи другому – видя при этом, как тот получает удовольствие от оказанного ему благодеяния. Множество разных вещей позволяют человеку испытывать различные уровни удовольствий. При этом, удовольствия, ощущаемые посредством наших органов чувств, как, например, вкус еды, не столь сильны, как те, которые человек испытывает через более высокие уровни сознания, как, например, удовольствие постижения или радость. И чем более утонченно и возвышено восприятие, тем выше и уровень удовольствия, испытываемого человеком.

Для интеллектуального человека удовольствие от постижения новой идеи или концепции существенно выше и важнее удовольствия, получаемого от потребления пищи – пусть даже и очень вкусной. Для такого человека вкус еды сравним с неким животным удовольствием, поскольку животные также потребляют еду и при этом получают определенное удовольствие.

Напротив, если интеллект человека находится на весьма низком уровне, то особого удовольствия от постижения новых идей он не будет испытывать, в отличие от радости, которую ему принесет вкусная и сытная трапеза.

Продолжая эту аналогию, мы можем понять, что все удовольствия этого мира – ничто по сравнению с бесконечным духовным удовольствием, которое человек удостоится испытать в Мире Грядущем. Ведь великое благо, которым душа будет наслаждаться в Грядущем Мире, совершенно невозможно постичь, находясь в этом материальном мире; на самом деле то блаженство непостижимо, несравнимо и несопоставимо ни с чем. Об этом сказал Давид: «Сколь велико благо Твое, которое Ты предназначил тем, кто боится Тебя, уготовил полагающимся на Тебя».[424]

Но если души праведников должны вновь соединиться со своими телами во время воскрешения, чтобы получить окончательную награду за свои деяния, чем же тогда это отличается от того, что уже есть сейчас, от тех наслаждений тела, которые мы можем испытать ныне? Когда Всевышний осуществит воскрешение тел праведников, сделает он их не такими как прежде, какими мы их знаем сейчас. Эти тела станут обладать невиданным ранее совершенством и бессмертием, когда каждый в своем теле очевидным образом увидит свою связанность и единство с Творцом.

Как жаждал царь Давид жизни в Грядущем Мире! «Погиб бы я, если бы не верил, что увижу благо Господа в Земле Жизни».[425] Об этом сказал Йешая́гу: «Никто кроме Тебя, Господь, не видел того, что Ты уготовил надеющимся на Тебя»,[426] – то есть, благо, которое не было явлено ни одному пророку, которое зримо лишь Всевышнему – предназначил Он для человека, который надеется на Него и служит Ему.

---

[424] *Тегилим* 31:20.

[425] Там же 27:13. РаШИ так объясняет: "Я знаю, что Ты награждаешь праведников в Мире Грядущем, но не известно мне, есть ли у меня удел в нем."

[426] *Йешая́гу* 64:3.

Глава 8

Времена Машиаха и Воскрешение из мертвых

Из Устной Традиции мы знаем, что еще до Сотворения Мира, Бог создал семь вещей: Тору, Раскаяние (*Тшува*), Эденский Сад (*Ган Эден* – духовный райский сад), *геном* (духовное чистилище), Престол Славы Всевышнего, Святой Храм и Имя Машиаха.[427] Это говорит о том, что без этих семи вещей сотворение мира немыслимо.[428]

Цель сотворения мира состоит в том, что «возжелал Всевышний, чтобы было Ему жилище в нижних мирах».[429] Иными словами, целью сотворения мира было Его желание превратить физический мир в подходящее и подобающее место для раскрытия Его Славы (*Шхины*). И поэтому задачей всего человечества – с момента сотворения Адама и до наших дней – является реализация Его замысла. Создатель пообещал в Своей Святой Торе, что цель создания мира будет достигнута, когда придет истинный Машиах, из династии царя Давида – когда весь мир увидит Его Истину и справедливость Его путей, как сказано: «И явится Слава Господня, и увидит всякая плоть разом, что изрекли уста Господа».[430] Поэтому изначально, когда Творец только задумал сотворить мир, Он прежде решил о грядущих целях этого мира, а именно – о семи перечисленных выше вещах, ради которых наш мир был создан.

---

[427] Вавилонский Талмуд, Трактат *Псахим* 54а, *Недарим* 39б.
[428] Ран. Комментарий к *Недарим*, там же.
[429] *Бемидбар Раба* 13:6.
[430] *Йешайґу* 40:5.

Тора: На Иврите слово *Тора* буквально означает «Указание». Она предназначена для того, чтобы раскрыть людям волю Творца и Его пути, обучая тем самым людей, каким образом возможно превратить физический мир в подходящее жилище для Его Славы, дабы присутствовала она здесь открыто и постоянно.

Раскаяние: На иврите слово *тшува* (раскаяние) буквально означает «возвращение». Это процесс, посредством которого человек определяет свое истинное духовное местоположение – насколько он далек от Творца, благословенного – и тем самым мотивирует себя к исправлению путей и черт характера, чтобы восстановить изначальную связь своей души с Творцом – как говорит об этом стих: «А дух возвратится к Богу, Который дал его».[431] Иными словами, дух человека [его душа] вернется к связанности с Богом, своим Создателем, дабы достигнуть слияния с Божественной Славой в рамках нашего мира. Об этом процессе личного раскаяния так сказал пророк:[432] «Пусть злодей оставит пути свои, и нечестивый мысли свои; и пусть он вернется к Богу и Тот смилостивится над ним; пусть он вернется к Господу, Богу нашему, ведь Тот велик в прощении».[433] Суть раскаяния – личное приближение к Творцу; оно действенно в любое время, в любой ситуации, для любого человека – и даже для такого, который не совершал грехов в своей жизни.

Геном и Ган Эден: Это места, в духовных мирах; первое – где душа совершает очищение от своих прегрешений, а второе

---

[431] *Когэлет* 12:7.
[432] *Йешаяѓу* 55:7.
[433] *Мишне Тора. Законы о раскаянии*, гл.7 и Рав Моше Вайнер. *Божественный кодекс*, Часть 1 (Основы Веры), гл. 9

– где получает вознаграждение за исполненные заповеди и добрые дела, каждое из которых имеет множественные уровни. Туда направляется душа[434] после смерти человека, в зависимости от приговора Небесного Суда – в *геном* – для отбывания наказания и очищения от грехов, в которых не раскаялся при жизни, и в *Ган Эден* – ради получения духовного вознаграждения.

В будущем *геном* прекратит свое существование, а души из *Ган Эдена* облекутся в тела и продолжат свою жизнь в Мире Грядущем.

Престол Славы Всевышнего: Это признание Царства Всевышнего над всем Его творением. Сделав это известным и повсеместно открытым через пророков Танаха, Бог желает, чтобы каждое поколение людей – все человечество в целом и каждый человек в отдельности – признали Его царство над собой и приняли на себя исполнение Его Божественных повелений, переданных нам в Торе (определенных повелений для еврейского народа, и определенных – для народов мира).

Святой Храм: Это дом Всевышнего – выбранное Им место для наибольшего раскрытия Его Божественного Присутствия в нашем мире. Связь духовного с материальным, Бога с его творением, поддерживается и укрепляется через службу в Святом Храме, которую Он возложил на левитов.

Имя Машиаха: Мессия (на иврите *Машиах*) – это потомок Царя Давида, который будет выбран Всевышним, чтобы

---

[434] В *Ялкут Шимони, Йехезкель,* приводится список из семи человек, которые вошли в *Ган Эден* живыми.

научить весь мир познанию Его воли и исправить весь мир так, чтобы все человечество служило лишь Единому Богу – как сказано: «И воцарится Господь над всей землей; и будет в тот день Господь Один и Имя Его – Едино».[435] Машиах завершит реализацию замысла творения, начатую праведными Праотцами Аврагамом, Ицхаком и Яаковом – распространение знания о Единстве Бога по всему миру.

Обещание о приходе Машиаха в «Конце дней» (период, который мы уже достигли в нашем поколении) прямо указано в Торе. В Конце дней еврейский народ совершит раскаяние и будет возвращен Всевышним из длительного изгнания – как сказано:[436] «И будет: когда сбудутся над тобой [еврейским народом] все эти слова, благословение и проклятие, которые я изложил пред тобою, и примешь к сердцу твоему среди всех племен, куда удалил тебя Господь, Бог твой; И возвратишься ты к Господу, Богу твоему, и слушать будешь Его гласа во всем, как я [Моше] заповедую тебе сегодня – ты и твои дети, всем сердцем твоим и всею душою твоей. И возвратит Господь, Бог твой, пленников твоих, и смилостивится Он над тобою, и вновь соберет Он тебя от всех народов, где рассеял тебя Господь, Бог твой. Если будет один из вас у края небес [т.е. очень далеко духовно от Бога], оттуда соберет тебя Господь, Бог твой, и оттуда возьмет Он тебя. И приведет тебя Господь, Бог твой, на землю [Землю Израиля], которой овладели твои отцы, и ты овладеешь ею, и Он будет благотворить тебе и умножит тебя (больше), чем отцов твоих. И обрежет Господь, Бог твой, сердце твое и сердце твоего

---

[435] *Захарья* 14:9.
[436] *Дварим* 30:1-6.

потомства, чтобы любить Господа, Бога твоего, всем сердцем твоим и всею душою твоей, ради жизни твоей».[437]

В других местах Торы указано, что это избавление завершится через Машиаха,[438] как объясняет Рамбам в *Законах о царях*, гл. 11. В Книгах Пророков эта тема объясняется шире и подробнее.

Это возвращение и исправление народа Израиля, о котором пророчествует Тора, принесет исправление и избавление всему человечеству, поскольку Божественное Присутствие (*Шхина*) вернется в наш мир и обретет свое место в Третьем Святом Храме, который будет отстроен Машиахом в Иерусалиме. Раскрытие Славы Всевышнего будет сравнимо со временем начала нашего мира, физическим Райским Садом. Но в этот раз Божественное раскрытие будет еще большим, чем тогда, и все творение наполнится Божественным светом, который возвысит духовно весь мир. Через Святой Храм и народ Израиля этот Божественный свет распространится по всему миру, исправляя все и побуждая всех людей служить Единому Богу.[439]

И в то самое время качества людей изменятся, и люди будут способны познавать Истину и стремиться только к Нему, к Творцу! Каждый оставит свои неправедные пути – как сказано у пророка: «Ибо тогда изменю Я язык народов (и сделаю его) чистым [чистое постижение Истины и Божественности],

---

[437] *Мишне Тора. Законы о раскаянии*, гл. 7.
[438] См. *Бемидбар* 24:17-18, где Бильам пророчествует о царе Давиде и, в отдаленном будущем, о царе Машиахе.
[439] *Йешаяʹу*, гл. 60.

чтобы все призывали имя Господа, чтобы служили Ему единодушно [«все вместе как один человек»]».[440]

В то самое время прекратятся голод, войны, исчезнет зависть и соперничество; повсеместно будет царить вечное добро и изобилие. И не будет у мира иного занятия, как лишь познание сущности Всевышнего, как сказано: «Не будут делать зла и не будут губить на всей Моей святой горе, ибо полна будет земля знанием Господа, как полно море водами».[441] [442]

На смену эпохе дней Машиаха придет еще более чудесное и несравнимое ни с чем – время Воскрешения из мертвых, называемое Миром Грядущим. И это будет время полного раскрытия Божественности и окончательной духовной награды для всех праведников, уготованной Всевышним со времен сотворения мира.

В чем же состоит разница между эпохой Машиаха и эпохой Мира Грядущего? Во времена правления Машиаха физический мир практически не претерпит изменений – человек будет есть и пить, заботится о естественных потребностях; а вот душа его и сознание будут крепко-накрепко связаны с сознанием Творца, благословенно Его Имя. И поэтому в ту эпоху еще сохранятся такие явления, как рождение и смерть, хотя период жизни существенно увеличится.[443]

---

[440] *Цфанья* 3:9.
[441] *Йешаяѓу* 11:9.
[442] Рамбам. *Мишне Тора. Законы о царях*. Гл. 12.
[443] См. *Йешаяѓу* 65:20, «...юным умрет столетний...», т. е. тот, кто будет умирать, достигнув 100 лет, будет считаться умершим еще в молодости.

Однако в дальнейшем, во времена Мира Грядущего, весь естественный порядок мироздания будет кардинально изменен. По сравнению с сиянием Божественной Славы в каждом творении, его физическая форма существования будет столь незаметна, как свет от горящей спички на фоне солнца. И хотя не станет нужды в естественных потребностях, тело человека останется, признавая и соединяясь с Творцом на прежде недоступном духовном уровне и с необычайной силой. Не станет больше нужды в еде, питье, сне, рождении и смерти, как сказано об этом: «Уничтожит Он смерть навеки…».[444]

И все праведники, которые того удостоятся, встанут из могил своих и оживут, души их вернутся в тела, сознание их будет ясным и полным познания Всевышнего, благословенно Его Имя; все они будут наслаждаться Сиянием *Шхины* – каждый в соответствии с возвышенностью своей, а также по своим добрым делам, которые удостоился совершить в материальной жизни.

В начале эпохи Воскрешения из мертвых состоится Великий День Суда, упомянутый в Пророках и в писаниях наших мудрецов, благословенна их память. О событиях и временах царствования Машиаха, эпохе Воскрешения, Дне Суда и Мире Грядущем написано в книге Даниэля: «И поднимется в то время [архангел] Михаэль, князь великий, стоящий за сынов народа твоего [Израиля], и будет время бедствий, какого не бывало с тех пор, как стали они народом (и) до этого времени. И спасется в то время народ твой, все те, которые найдены

---

[444] Там же 25:8.

будут записанными в Книгу (жизни). И пробудятся многие из спящих во прахе земном...».[445]

В этот День Великого Суда каждый человек, живший когда-либо на земле, предстанет перед судом и ответит за свои деяния. И хотя каждый год вершится над человеком суд в грозные дни *Рош га-Шана*, и после смерти его душа также предстает перед Небесным Судом, однако это уже будет окончательный Великий и Грозный Суд, на котором вновь будут рассмотрены его поступки и вынесен заключительный приговор.

В ходе этого Великого Суда люди будут разделены на три группы: на праведников, на средних и на злодеев. Праведники сразу удостоятся наиболее полноценного удела в Грядущем Мире, в зависимости от достигнутого ими духовного уровня и заслуг. Средние и злодеи, будут судимы за свои дела, при этом суд над средними будет мягче и благосклоннее. Однако, все из них – за исключением тех из злодеев, которые будут упомянуты ниже – удостоятся удела в Мире Грядущем, после того как пройдут исправительное очищение за свои проступки. В дальнейшем они также удостоятся своей части Света Творца в качестве награды за свои добрые дела,[446] поскольку все из них верили в Единого Бога, а совершали свои проступки умышленно или случайно только из-за соблазнов дурного начала.

---

[445] *Даниэль* 12:1-3.
[446] Так объясняется в Вавилонском Талмуде, Трактат *Рош га-Шана* 16б: «Будет три категории людей в Судный День», основано на комментариях РаШИ и Тосафот, Рамбана в *Шаар га-гмуль* и других *ришоним*.

Однако будут исключения среди злодеев; те кто «поднял бунт против Меня» – безбожники и вероотступники, которые не обрели веру в Единого Бога и Его Тору, и другие, упомянутые в части 4, не будет иметь удела в Мире Грядущем, за осознанное восстание против Бога и Его повелений. Поэтому будут они судимы за свое бунтарство и непослушание, и грехи их останутся с ними навечно.[447] О таких людях, мудрецы Талмуда[448] вспоминали следующие места из Писания.

Книга Пророка Йешаяѓу завершается такими словами: «И выйдут, и увидят трупы людей, отступивших от Меня, ибо червь их не умрет, и огонь их не погаснет, и будут они мерзостью для всякой плоти».[449] Почти в конце Книги Пророка Малахи сказано так: «Ибо вот приходит день тот, пылающий, как печь; и станут все надменные и все творящие преступление, как солома, и спалит их день грядущий тот, сказал Господь, Бог Воинств, так, что не оставит им ни корня, ни ветви».[450] (Иными словами, не будет у них избавления и спасения). И в заключительной главе Книги Даниэля сказано: «И пробудятся многие из спящих во прахе земном: одни – для вечной жизни, а другие – на поругание и вечный позор».[451]

Праведники же, которые удостоятся удела в Грядущем Мире, будут наслаждаться Сиянием Шхины Всевышнего и будут источать чудесный Свет, порожденный их добрыми делами, совершенными при жизни – как сказано: «А мудрые [кто

---

[447] Рамбам. *Мишне Тора. Законы о раскаянии* 3:6-13.
[448] Вавилонский Талмуд, Трактат *Рош ѓа-Шана* 17а и *Авода зара* 4а.
[449] *Йешаяѓу* 66:24.
[450] *Малахи* 3:19.
[451] *Даниэль* 12:2.

следовал воле Единого Бога] будут сиять, как сияют небеса, и ведущие многих по пути справедливости – как звезды, во веки веков».[452] Праведники эти возвысятся над уровнем телесной жизни, как было разъяснено выше, фактически находясь в своих телах, но тела уже не будет мешать духу и разуму постигать на ином, более возвышенном уровне, сущность Всевышнего (подобно Моше Рабейну, поднявшемуся на гору Синай и обучавшемуся Торе у Самого Творца сорок дней без еды и питья; тело его получало энергию от сущности Всевышнего, от слов, произносимых Им, без необходимости в естественной пище этого мира). И удостоятся они познать раскрытую Истину Господа и великую доброту всех Его путей.

Из Книг Пророков мы знаем, что все люди станут регулярно приходить в Третий Святой Храм в Иерусалиме, чтобы поклониться и вознести молитву Богу, ибо он является центральным местом для молитвы во все времена и для всего человечества, и именно оттуда изольется по всему миру Божественный Свет Истины – как сказано: «И будет: в каждое Новомесячье и в каждый Шаббат приходить будет всякая плоть [в те времена], чтобы преклониться предо Мной [в Третьем Храме] – сказал Господь».[453]

---

[452] Там же 12:3.
[453] *Йешаяѓу* 66:23.

Посвящаяется возвышению души
Виктора сына Шломо и Майи дочери Аарона
Ароновых
Да будут их души неразрывно связаны с жизнью
ת.נ.צ.ב.ה.

Посвящаяется возвышению души
Наума сына Хаима Лейба
Златопольского
Да будет его душа неразрывно связана с жизнью
ת.נ.צ.ב.ה.

Посвящаяется возвышению души
Ларисы дочери Николая
Свинцова
Марии дочери Михаила
Белкина
Да будут души их пребывать с душами праведников

Выражаем сердечную признательность Нисану Баеру и всем, кто оказал финансовую поддержку изданию настоящей книги.

В серии **Свет народам мира** вышла книга:

Дом молитвы для всех народов:
Сборник рекомендованных молитв
для Потомков Ноаха

Готовятся к изданию:
Семь принципов универсальной этики
раввина д-ра Шимона Коэна

Берешит
с комментариями раввина Моше Вайнера
для Потомков Ноаха

Заказы, предварительные заявки, отзывы, замечания и предложения просьба высылать по адресу:
svetnarodambooks@gmail.com

Сайт **monoteism.ru** – флагманский портал по распространению знаний о Семи законах человечества на русском языке предлагает множество материалов, важных для реализации Божественных законов в повседневной жизни каждого человека.

www.ingramcontent.com/pod-product-compliance
Lightning Source LLC
Chambersburg PA
CBHW060501090426
42735CB00011B/2070